ロイド＝ウェバーと劇団四季

ミュージカル『キャッツ』

―そのヒットの陰に潜む秘密

安倍 寧

日之出出版

ミュージカル『キャッツ』──その陰に潜む秘密

ロイド＝ウェバーと劇団四季

目次

※本書の作品表記は、舞台・映画を『　』で、その他を「　」で括ってあります。舞台・映画のタイトルは、なるべく日本公演・公開時の表記に従っていますが、一部筆者の好みをとり入れたものもあります。

吉原幸子の長篇詩
「ハングリー・キャッツ」を読み解いてみる

２０１９年3月12日、劇団四季による『キャッツ』日本版が、通算１万回の記録を達成した。１９８３年11月11日、第１次東京公演の初日からの積み重ねがもたらした偉大な数字である。

その間、35年４ヵ月。公演地は札幌、仙台、横浜、静岡、名古屋、大阪、広島、福岡と全国各地に及ぶ。第５次となる現在の東京公演が、日々記録を更新していること、いうまでもない。

１万回記念公演の特別カーテンコールの演出が思いのほかおしゃれだった。俳優たちが洋数字をかたどったオブジェ（１がひとつ、０が４つ）を踊りながら舞台上に運び上げ、横一《いち》文字《もんじ》に並べるという趣向なのだが、新しいミュージカル・ナンバーが加わったかのような楽しさにあふれていた。

１万回記念のお陰で、第１次東京公演当時のことが改めて思い出される。続けようと思えばもっと続けられただろうが、役所から仮設建築物への延長許可が下りず、結果的には１年間の限定公演で終わってしまった。公演回数４７４回、観客数約48万１０００人という。なにせ40年以上も前の出来事だ。一般観客、四季関係者を問わず、今やこの公演を観た人はそう多くないだろう。

この初演のパンフレットの執筆者は、吉原幸子（詩人）、安東伸介（英文学者）、宇佐見宜一（演劇ジャーナリスト）の３人と小生である。

とりわけ吉原幸子の長篇詩「ハングリー・キャッツ」がすばらしい。四季創立メンバーをジェリクルキャッツになぞらえ、劇団発足時の53年から『キャッツ』初演の83年までの30年間を振り返ってみせる。もちろんT・S・エリオット（１８８８〜１９６５）の「ポッサムおじさんの猫とつき合う法」、その詩集が原作のミュージカル『キャッツ』を踏まえての詩作である。全篇、機知と諧謔《かいぎゃく》にあふれ、思わず微笑まずにいられない。

全篇そっくりここに引用したいくらいだが、全82行もある大作なので、そうもいかない。ひとつふたつ例証を挙げるにとどめる。

「ギョウザの小さな三日月をかじり／いちばん安いパイカルをすすりながら／全円の月を熱っぽく語り合った」「じぶんたちの脚で　爪で　切り拓かねばならなかった／月への道を――」など月がしばしば登場する。『キャッツ』における月の意味合いを知り尽くしていればこそ。

『キャッツ』を一度でも観劇したことのある人ならば、このミュージカルでの月や月光の役割はじゅうぶんに承知している。歌詞にも出てくるし、舞台美術上も欠かせない。しかし、吉原さんの詩は、初演パンフレットへの寄稿だから、生の舞台を観ないで書いたはずだ。エリオットや『キャッツ』に以前から興味があったのか尋ねてみたいところだが、残念ながら彼女はすでにこの世にいない。

ギョウザ、パイカルのくだりには、新宿、渋谷あたりの安酒屋で議論に熱中する、戦後間もなくの貧しかった劇団員たちの姿が、おのずと浮かび上がる。

創立メンバーの猫への見立てがこれまた秀逸をきわめる。「ジューヴェばりの眉を考え深げにひそめ／みんなの言い分をとりまとめるクサック」「ひまわりのあたたかいほほえみに／駄々っ子たちを包みこむフージョリー」。前者は日下武史（1931～2017）、後者は藤野節子（1928～86）について。巧みな一筆書きのプロフィールとでもいったらいいか。

日下は決してハンサムが売りものの貴公子タイプではなかった。しかし、ぎろっとした目つきの風貌はきわめて知的で、身体全体、一挙手一投足から独特のダンディズムが漂っていた。フランスの名優ルイ・ジューヴェとは親と子ほど年が違ったが、陰影に富んだ雰囲気は確かにどこか共通点がある。

戦後、名画座系の映画館でジューヴェ出演のフランス映画『女だけの都』『どん底』『舞踏会の手帖』などがよく上映されていたが、日下はなけなしの小遣いをはたいてこれらの名作を追いかけていた。本人もジューヴェを気どるところが多分にあったのでは？

ジューヴェについては、四季の座付き翻訳家のひとりで、ジャン・アヌイ作『せむしの聖女』『アンチゴーヌ』、ジャン・ジロドゥ作『アンフィトリオン38』『トロイ戦争は起らないだろう』を手掛けた諏訪正氏に吹き込まれたふしも、多分にあっただろう。

諏訪氏は、当時から演出家でもあるルイ・ジューヴェに深く傾倒していて、後年、500頁近くの詳細な評伝「ジュヴェの肖像：Louis Jouvet 1887-1951」（芸立出版）を刊行している。細かいことだが、諏訪さんは、本の題名でご覧のように日本では一般的なジューヴェではなくジュヴェで通している。フランス語からするとジュヴェのほうが正確な発音に近いのだろう。そういえば日下もジュヴェ派だった。

活躍したのが遥か昔だし、亡くなってずいぶん経つので、藤野節子を知る人はかなり少ないに違いない。日下とともに黎明期の四季を支えた中心的存在である。天性の俳優だった日下とは対照的な努力型の女優だった。役にぶつかっていく真摯な姿は痛ましくさえあった。最高の当たり役はアヌイ作『ひばり』（57年初演）のジャンヌ（・ダルク）か。

吉原さんの詩に「ひまわりのあたたかいほほえみに」とあるのは、彼女が四季創立に参加する以前、ラジオ東京（現ＴＢＳラジオ）の連続ドラマ「ひまわり娘」で主役を務めたキャリアにのっとっている。浅利慶太、日下武史、水島弘らより年長の姉さん株だったので、「駄々っ子たちを包みこむ」も納得がいく。

「フージョリー」は、藤野がヒロインを演じた『アンチゴーヌ』『ひばり』などを不条理劇に見立てての命名と思われる。

これらのアヌイ劇は、普通はサミュエル・ベケットやイヨネスコと並んで、不条理劇に分類されることはないかもしれない。しかし、絶対権力vs個人という対立構造を通じて人間本来の不条理性を描き出している点では、不条理劇の資格を十二分に満たしている。

したがって主演女優、藤野節子は役柄からして不条理猫、その名はフージョリー。吉原さん、座布団３枚！

吉原幸子さんは、詩人として名をなす以前、女優を志し、わずか1年足らずだが劇団四季に在籍したことがある。芸名は江間幸子。出演作はたった1本。ただし主演を務めている。アヌイ作『愛の条件―オルフェとユリディス』(56)のユリディス役である。

この初演パンフレットで不思議に思うのは浅利慶太の原稿がないことである。彼は四季公演のほとんどすべてのパンフレットで演出家の弁を書くか語るかしてきた。どうして創立30周年記念という節目にもかかわらず、この『キャッツ』に限って登場していないのか。浅利は、日本語台本・演出・製作すべての面での総指揮官のはずなのに。

安東伸介氏の「猫の〈メサイア〉―T・S・エリオットと四季の『キャッツ』」には、エリオットの詩の翻訳の難しさに触れ、しばしば浅利から相談を掛けられたことが書かれている。また宇佐見宣一氏の「いま、浅利さんが」には『キャッツ』のみならずミュージカル集団としての四季の躍進ぶりが語られている。自ら出張る必要はないと判断したのだろうか。

とりわけ私が知りたいのは、『キャッツ』初演時、浅利が演出家としてこのユニークな作品にどのようなスタンスで向き合ったかである。どう、この作品の主題を捉えていたかだ。できたら、そのような文章を残しておいてほしかった（この件でなにかご存知の方はご教示ください）。

死せるT・S・エリオット、トニー賞を手にする

ミュージカル『キャッツ』の原作者T・S・エリオットは、20世紀の代表的詩人で、1948年度ノーベル文学賞受賞者でもある。第一次世界大戦後の荒廃した社会状況を描いたとされる「荒地」などで知られる。『キャッツ』のもととなった詩集は原題「Old Possum's Book of Practical Cats」と言い、池田雅之訳、ちくま文庫版では「キャッツ―ポッサムおじさんの猫とつき合う法」という邦題名が付けられている。

原題にある possum は通常 opossum と言い、危険に遭遇すると死んだふりをする小動物とか。アメリカの著名な詩人エズラ・パウンドがエリオットに進呈したあだならしい。以上、念のためのおさらいです。

エリオットは生涯で二度結婚している。1915年、最初の妻ヴィヴィアンと結婚、47年、彼女の死まで続いたが、妻が神経障害を抱えていたため、ふたりの生活は必ずしも幸福ではなかった。

57年、ヴァレリーと再婚。夫のほうがおよそ38歳年上だったが、その結婚生活はすこぶるしあわせなもので、65年、エリオットが世を去るまで続いた。未亡人は夫の死後もその著作物の価値を高めるために力を注いだとされる。2012年11月9日、逝去。

アメリカの新聞ニューヨーク・ポストに、シアター・コラムニストを名乗るマイケル・リーデルの有名な連載コラムがある。ブロードウェイ関係者の間では〈must-read（必読）〉と言われている。ほぼ木曜日に新しい記事が掲載される。もちろん、きょうびのことだから日本にいながらにして読むことができる。ネタが新鮮で舌鋒《ぜっぽう》鋭い。タフ。ユーモア感覚にあふれる。取材先の人脈も驚くほど広い。

一例を挙げる。10年11月、『スパイダーマン──暗闇を消せ』のプレヴューが始まるや、史上最高の6500万ドルという巨額の製作費を暴き、それがまったく舞台成果に反映されていないことを厳しく指弾した。曰く「不具合なハイテク機能、退屈な楽曲、辻褄《つじつま》の合わぬ脚本」「スパイダーマンさえこの惨事は救えない」と。

このリーデルのコラムで鮮明に記憶に残るものがいくつかあるが、ヴァレリー・エリオットが亡くなった直後の追悼記事が格別忘れ難い。まずはブロードウェイの高名な脚本家でリーデルと親交のあったピーター・ストーンのエピソードが披露される。

そうだ、ストーンの来歴についても軽く触れておこう。彼の係わったミュージカルでは『1

776』『ウィル・ロジャース・フォリーズ』『タイタニック』が特に有名で、この3作はいずれもトニー賞ベスト・ミュージカルを受賞している。『タイタニック』では本人もミュージカル脚本賞に輝いた。

ヴァレリー夫人の追悼記事に登場するエピソードもトニー賞がらみである。

1983年、トニー賞でピーター・ストーンはミュージカル脚本賞候補のひとりに選ばれた。対象となった作品は『マイ・ワン・アンド・オンリー』。コール・ポーターの旧作を利用したカタログ・ミュージカルながらストーンの機知に富んだ脚本、水泳選手役トゥイギー、飛行士役トミー・チューンの好演と相まってすこぶる評判がよかった。

対抗馬の脚本家は5人いた。イプセン作『人形の家』を下敷きにした『ア・ドールズ・ライフ』のベティ・コムデンとアドルフ・グリーン、魔術師物『マーリン』のリチャード・レヴィンソンとウィリアム・リンク、『キャッツ』のT・S・エリオットである。

『ア・ドールズ・ライフ』『マーリン』は、ともに作品的にも興行的にも失敗作だから敵ではないだろう。『キャッツ』は超ヒット作とはいえ、作家はこの世にない。脅威の相手とは考えにくい。ストーンは自らの受賞は堅いと踏んでいた。

会場でプレゼンターが候補者の名前を読み上げるのを聞きながら、蝶ネクタイを直し髪を撫でつけ頭のなかでスピーチをチェックした。「1983 Tony Award goes to……」。その声を耳にしたときには腰を浮かしかけていた。しかし、プレゼンターの口を突いて出た名前は「T.S.Eliot-'Cats'!」。全身が凍りついた。

「18年前に死んだはずの男に負けるとはね」

亡くなった人間に受賞資格があるかどうかはさて措き、T・S・エリオットに最優秀ミュージカル脚本賞がいくのは私とて異論がないわけではない。

エリオットは『キャッツ』の作詞家ではある。けれど脚本家と呼べるかどうか。〝猫詩集〟にはト書きが1行もないし、曲の配列の順序も詩集とミュージカルでは大いに異なる。そもそこのミュージカルのスタッフ・リストにはエリオットを含め脚本家としては誰もクレジットされていないことを、改めて想起すべきだろう。

『キャッツ』は必ずしも叙事的な物語性に富む作品とはいえない。主な登場人物たちが激しい対立を繰り返し、それによって物語が進展していくという構造にもなっていない。ならば筋書きらしきものは皆無かというとうっすらとならある。月の輝く夜、舞踏会に集まってきた猫たちのなかから1匹の猫が選ばれ天に召されるという、その儀式のプロセスである。

その筋書きを考えたのは誰か。作曲家の立場からアンドリュー・ロイド＝ウェバーも智恵を絞ったと思われる。しかし、中心的人物は演出家のトレヴァ・ナンに違いない。創作スタッフのなかで文学、演劇両面において学殖的にも経験的にも抜きん出ているのは明らかに彼だから。エリオットの残したラフな草稿をもとにこのミュージカルの目玉の楽曲「メモリー」を作詞していることが、そのなによりの証しである。

話を83年のトニー賞授賞式に戻す。ふとわれに返ったピーター・ストーンが座席の列の反対側を見やると、なんとエリオットの未亡人ヴァレリーが座っているではないか。ロンドン住まいの彼女がわざわざニューヨークにやってきている……。受賞確実を見越してのことだろう。ストーンは遅まきながら最強の敵がいたことにはたと気づいたのだった。

もちろん、その夜、壇上で亡き夫君にかわってトロフィーを受けとったのはミセス・ヴァレリー・エリオットである。

〝猫詩集〟を脚本扱いするのは無理があるものの、詩集に登場するさまざまな個性的な猫たちを創造したのは、紛れもなくエリオットである。プロットのようなものを編み出すのにトレヴァ・ナンら複数の人物が係わったとしても、右代表に故エリオットを据えるというのは、それなりに筋が通っていると考えられる。

ミュージカル『キャッツ』は空前絶後のヒット作である。ヴァレリー夫人追悼コラムでマイケル・リーデルは、世界中引っくるめての興行収入約35億ドル、故エリオットへの印税約1億ドルとそろばんを弾いている。

生前、未亡人はその膨大な印税で財団 The Old Possum's Practical Trust を設立し、英国内の大学、図書館の助成をおこなってきた。同時に設定したT・S・エリオット賞では、毎年、優れた詩作者に対し3万ドルの賞金を贈呈している。

地下のエリオット、もって瞑《めい》すべし。

特別対談　ゲスト＝池田雅之さん（早稲田大学名誉教授）

T・S・エリオットの原作詩集は子どものように無心に読もう

安倍　熱心なミュージカル・ファンの間で『キャッツ』という作品自体は有名ですが、その原作者T・S・エリオットのことは意外と知られていません。そこで今回は、原作「キャッツ—ポッサムおじさんの猫とつき合う法」（以下「キャッツ」）を翻訳された池田先生に、エリオットについて、わかりやすくお話しいただきたいと思ったわけです。そもそも、ラフカディオ・ハーン（小泉八雲）や比較文学の専門家である先生が、エリオットの詩集を翻訳されたのは、どんなご縁があったからなのでしょう？

池田　大学院で、エリオットについて修士論文を書いたんです。でも結局よくわからなかった（笑）。ネックになったのは、まず、イギリスの文化的背景について知識がないこと、もうひとつは宗教的な問題です。ずっと宿題を抱えていたところ、機会があってエリオットの詩を訳すことになったのです。それなら代表作の難解な「荒地」や「四つの四重奏」より、劇団四季さんが『キャッツ』を上演しているから、その原作を多くの人に読んでもらって、背景を知ってもらえたらいいな、と思ったんです。

安倍 確かにエリオットは難しいですね。英語のタイトル「Old Possum's Book of Practical Cats」のプラクティカルという形容詞ですが、これひとつとっても意味がわかりません。

池田 わかりませんよね。普通なら、「実際の」とか「現実の」という意味ですが、エリオットは「活動的な」とか「イキイキしている」という意味合いで使っているのかなと思います。

安倍 猫の形容詞としても収まりが悪いし、詩集のタイトルとしても違和感を覚えます。

池田 「キャッツ」はノンセンス・バースですね。戯れ歌集ですが、日本でいえば川柳などがそうです。非常にノンセンスに富んでいますが、意味がないのではなく、意味をずらしていくというか、消していく。

安倍 表面的には意味がないように見えるけれど、その裏にはちゃんと意味があると。

池田 そうです。エリオットはプラクティカルも意味をずらしているのかもしれませんね。アクティブやユーモラスにしたら、意味が限定されすぎますから。

安倍 なるほど。僕はこのプラクティカルで引っかかってしまうのですが、ここをうまくジャンプしなければいけないんですね。

池田 ジャンプするか、放っておかないと（笑）。だから僕は、プラクティカルは訳さず、「猫とつき合う法」としてごまかしました（笑）。

安倍　「キャッツ」は、エリオットが初めから子どもたちを想定して書いたようですから、やはり子どものように無心に読まなければいけないんですよね。大人はどうも難しく考えてへ理屈をつけたがりますが。

池田　そうだと思います。エリオットは37歳で、フェイバー・アンド・フェイバー社の編集者兼重役に迎えられ、編集者の子どもたちに読み聞かせるために、猫の詩を作ったそうです。

安倍　でも、そうはいっても、やはり子どもが読むには難しかったのではないでしょうか。

池田　それは僕も不思議なんです。ただエリオットの詩は、肉声で朗読されると、なにか伝わるものがあるのでしょう。イギリスでは小学校や中学校の教材としても使われています。

安倍　フランスでも、小学校から詩の朗読がカリキュラムに入っているそうですね。

池田　これは僕の説なのですが、アンドリュー・ロイド＝ウェバーは、エリオット自身の朗読を聴き、『キャッツ』を作曲したのではないかと思っているんです。たとえば、エリオットの朗読を聴いていると、「ジェリクルソング」の音符が浮かんできたんでしょうね。「マキャヴィティ〜犯罪王」のジャズっぽいねっとりしたような歌い方も、エリオットの地声の朗読ととてもよく似ているんですよ。

安倍 それは面白い説ですね。

池田 エリオットの朗読は、ユーチューブで誰でも聴けるので、確かめていただくとわかりますが、実にまじめくさってつまらなそうに読むんです(笑)。でも独特なリズムがあって、それがロイド＝ウェバーを惹きつけたのではないでしょうか。

安倍 ロイド＝ウェバーは、子どものときからエリオットの詩集を読んでいたそうですから、たとえエリオットの朗読を聴いていなくても、自分で読んで、韻を踏んだ言葉に音楽的ななにかを感じていたかもしれませんね。われわれは外国人として、エリオットの詩の意味を理解しようと格闘しますが、意味ではなく、もっと言葉の響きやリズムに身を委ねれば、心地よく感じるのかもしれないな。

池田 おっしゃるとおりです。「キャッツ」は詩集ですが、エリオットは劇作家でもあったので、彼の詩のなかには、ドラマチックでワクワクハラハラさせるような要素が、たっぷり含まれています。だから、10歳ぐらいの子が聴いても、楽しいと感じるのでしょうね。

安倍 難しいエリオットの詩も、英語圏の子どもたちには、意味ではなく感覚的に楽しめる。そういう詩だからこそ、音楽に乗せた場合、詩本来の韻や響きがいっそう生きてくるということでしょう。

池田 むしろエリオットは、音楽に乗るようにリズミカルに書いているので、ミュージカル化しやすいんです。

安倍 確かに英語の詩というのは、「キャッツ」に限らず朗読されることを前提にして書かれているかもしれません。朗読されることで隠れていた音楽性が露わになる。「キャッツ」も、詩自体がすでに音楽なんですね。それぞれの猫の名前についてはいかがですか？

池田 妙な名前ばかりですが、全部、エリオットが猫に命を吹き込むために作った造語です。たとえば、ジェニエニドッツはガンビー・キャットという別名を持っていますが、ガンビーはガムからきています。ガムのようにくっついて、一度座ったらテコでも動かない（笑）。ミストフェリーズのミストは霧とかもやで、手品師を連想させます。エリオットが付ける名前にはみんな含意があって、ドラマを予感させるというか、その猫がどんなふうに生きているかがわかるんです。名前を付けることでキャラクターを造形し、動かしていくわけですね。

安倍 ミストフェリーズは、日本語なら〝霧太郎〟かな（笑）。霧の向こうに消えてしまうイメージが、理屈ではなく感じとれます。

池田　イメージが子どもの頭のなかにパッと入ってくるんですね。この猫たちが、労働者階級として描かれているのも面白いと思います。今は崩れてきましたが、イギリスは階級社会が根強いので、彼は働く人たちに視線を向け、それを猫に託して書いたんですね。ジェニエニドッツは働き者の中年ハウスキーパー、スキンブルシャンクスは夜行列車の車掌役、みんなワーキングクラスです。エリオットはアメリカ人なので、イギリスの労働者たちがよく見えたのでしょう。

安倍　イギリス人ではないからこそ、イギリス的なものに憧れて、一生懸命イギリス人の特性や英語の特性を自分のものにしようとして、孤軍奮闘したのでしょうか。

池田　異邦人であるアメリカ人の視点があったからこそ、「キャッツ」が生まれたのだと思っています。

安倍　「キャッツ」は、猫に託して、イギリスの現代社会を描いているともいえますね。

（続く）

詩集「キャッツ」は猫文学の王道をゆく名作！

安倍 T・S・エリオットの詩集「キャッツ」を翻訳された池田先生がご覧になって、ミュージカル『キャッツ』日本語版の科白《せりふ》や歌詞は、耳から入るということもあり、また違う印象を持たれるかと思いますが。

池田 劇作家でもあったエリオットの詩は、ドラマチックだと言いましたが、逆に彼の芝居はみんな詩劇ですね。「キャッツ」も広い意味で詩劇といえるのではないでしょうか。表現自体、ノンセンスではあっても、言葉の音楽が鳴り響いていますね。劇団四季版も、言葉が心のなかに響いてくる日本語訳になっています。翻訳された浅利慶太先生は、原作のエッセンスを日本人向けによく伝えていらっしゃるなと思いました。

安倍 英語の意味そのままというわけにはいかなくても、日本語としてうまく翻訳されていると。

池田 たとえば、1幕の終わりにオールドデュトロノミーがグリザベラに向かって歌いかける「The Moments Of Happiness」は、直訳すれば「幸せの瞬間」ですが、四季では「幸せの姿」。芝居では〝瞬間〟という時間の観念はわかりづらいので、〝姿〟としたところは、実にうまい工夫だなと思いました。

安倍 ミュージカル『キャッツ』では、どの場面がお好きですか？

池田 僕は、マジック猫ミストフェリーズと鉄道猫スキンブルシャンクスの場面が好きです。小道具を使って瞬間的に汽車を立ち上げ、またバラバラになるところなど、とても劇的で、舞台でなければ表現できないと思います。

安倍 鉄道猫スキンブルシャンクスは、僕も最初に観たときから印象が強かったですね。小さな猫世界と大きな人間世界とのコントラストが絶妙です。

池田 初めのほうで、大きな靴がドーンと落ちてくる場面も衝撃を受けました。小さな猫世界と大きな人間世界とのコントラストが絶妙です。

安倍 四季の『キャッツ』も１万回を超えましたが、池田先生は、どんなところが『キャッツ』の魅力だとお考えですか？

池田 まず、猫というテーマそのものが、ヒットの要因のひとつですね。「キャッツ」は猫文学の王道をゆく名作ですから。猫と人間のつき合いは、５０００年以上も昔からで、童話や物語にもたくさん描かれてきました。動物文学の世界では、猫と人間にはほかの動物にはない親しい関係性があって、猫は人間を導き、癒やす存在だとされているのです。

安倍 日本にも「吾輩は猫である」があります。猫は人間より偉い（笑）。

池田　そのとおりです。劇団四季版では、精一杯生きて輝いている猫たちを通して、人間一人ひとりのほんとうの生き方とはなにかが提示されているように思います。それはおそらく、エリオットの原作にもなく、ロイド＝ウェバーも意図していなかったテーマですね。四季の『キャッツ』には、生きているってすばらしい、人生は生きるに値するという、四季ミュージカルに共通する人間賛歌が込められています。

安倍　エリオットの原作、ロイド＝ウェバーの音楽と、劇団四季の日頃の主張とがうまく連繫《れんけい》したというわけですね。

池田　そう思います。エリオットが大事にしていたけれど、原作のノンセンス・バースでは表現し切れなかった3つのテーマ、祈りと救済と再生を、ロイド＝ウェバーたちが引き継ぎ、娼婦猫グリザベラというキャラクターに投影しています。でも、リピーターでもテーマがわかりづらいと言う人が多いと知って、僕は「猫たちの舞踏会―エリオットとミュージカル『キャッツ』」（角川ソフィア文庫）を書いたんです。

安倍　ただ、そのグリザベラの昇天、天に召されるというのは、やはりキリスト教的思想なので、日本の観客には、〝昇天〟という言葉にも儀式にも、なかなかなじめない人が多いのではないかと思うのですが。

池田　でも、あの場面で涙している日本の女性はたくさんいます。

安倍　やはり宗教の違いを超えた上での〝救済〟を感じるのでしょうね。

池田　死が再生に繋《つな》がるという考え方は、日本人の心にも響いてくるものがあると思います。観客は、浄化され、生まれ変わるグリザベラと自分を同一化して、もう一度生き直そうと思うのでしょうね。

安倍　再生はさらに永遠の命を得ることに通じ、死、再生、永遠性というラインができる。それを、特に日本語で上演される場合には、日本語一つひとつの意味より、鳴っているロイド＝ウェバーの音楽で、観客は瞬間的に理屈を超えて感じとるのではないでしょうか。

池田　『キャッツ』には、宗教詩人エリオットの魂に対するロイド＝ウェバーの渾身の祈りが込められていると感じています。もっと言えば、『キャッツ』は、ロイド＝ウェバーたちによる、詩人エリオットと狂気の妻ヴィヴィアンへのレクイエムではないかと思えるんです。

安倍　最初の奥さんですね？

池田　そうです。僕は、グリザベラのモデルは妻のヴィヴィアンだろうと思っています。

安倍　それは興味深いお話ですね。

池田　ロイド＝ウェバーは、最初は詩の一篇一篇に曲を付けていったのだと思います。それを数珠繋ぎにしてもミュージカルにするには、劇的な要素が足りないと思っていた。ところが、未亡人（2番目の妻）のヴァレリーさんが、7行ほどのグリザベラの詩の断片を発見し、これだ！と。しかし、娼婦猫の話は子どもには聴かせられないので、エリオットは詩集には入れなかった。でもミュージカルは、これによってドラマチックな展開を見せました。グリザベラが歌う名曲「Memory」は、エリオットの初期の詩から言葉がとられていますが、未来？を生き直すという再生をテーマにした曲ですね。

安倍 曲名の「Memory」からして、エリオットの詩「風の夜の狂想曲（Rhapsody on a Windy Night)」に出てくる言葉ですし、ほかにもmidnight, moon (light), streetなど、双方に共通するキーワードがいくつかあります。

池田 グリザベラというキャラクターと「Memory」というナンバーが決定的だったわけですね。このふたつがないと、『キャッツ』というミュージカルは、関連性のない独立した15篇の原作の詩があるだけで、一篇一篇にはドラマがあるけれど、全体として繋がったドラマを構成していません。この詩集をミュージカル化できたのは、演出のトレヴァ・ナンの存在があったからですね。

安倍 文学的造詣の深いトレヴァ・ナンが演出家として登場しなかったら、ロイド＝ウェバーがいくら優れた曲を書いても、ミュージカルにはならなかったと思います。『キャッツ』の魅力は語り尽くせませんが、一度観ただけではわからない謎がたくさんあって、それが、観客がもう一度観たいと思う動機にもなっています。その謎を発信しているのが、エリオットなのではないでしょうか。

池田　科白や歌の意味が瞬間的にわかるのも大事ですが、意味はわからなくても、印象に残って頭のなかに張り付いていることが大事なんですね。『キャッツ』のなかのノンセンスな言葉がその人の成長とともに膨らみ、自分なりに意味を持ってくると思いますね。

安倍　のちに、その観客の人生を変えるような要素が含まれているかもしれませんね。お話を伺って、ミュージカル『キャッツ』には、尽きせぬ魅力があるのがよくわかりました。

いけだまさゆき：英文学者、翻訳家。早稲田大学名誉教授。NPO法人「鎌倉てらこや」理事長を経て、現在同顧問。その社会貢献活動に対して、文部科学大臣奨励賞、正力松太郎賞を授与される。著書に「猫たちの舞踏会—エリオットとミュージカル『キャッツ』」(角川ソフィア文庫)ほか。訳書に「キャッツ—ポッサムおじさんの猫とつき合う法」(ちくま文庫)、「人間を幸せにする猫の童話集」(草思社文庫)など。

『キャッツ』には猫しか出してはいけないという〝思想〟

アンドリュー・ロイド＝ウェバーの自伝「UNMASKED：A MEMOIR」（HarperCollins Publisher）のなかに『キャッツ』と係わり合いのある、とても興味深い一通の手紙が出てくる。差し出し人は演出家のトレヴァ・ナン、宛先はプロデューサーのキャメロン・マッキントッシュとロイド＝ウェバー。原文はかなり長文らしい。紹介されるのはその一部である。なぜマッキントッシュとロイド＝ウェバーふたり宛なのか。ロイド＝ウェバーからT・S・エリオットの詩集「ポッサムおじさんの猫とつき合う法」の何篇かに音楽を付けている話を聞かされた瞬間から、マッキントッシュは、もし舞台化の話が進むようだったら、ぜひ自分もプロデューサーとして係わりたいと申し入れ、ロイド＝ウェバーもそれを了承していたからだ。

ミュージカル『キャッツ』の演出家候補にロイヤル・シェイクスピア・カンパニー（RSC）の若き芸術監督ナンを推挙したのも、マッキントッシュであった。ただし、この手紙の時点でナンはまだ『キャッツ』の演出を引き受けるという返答は差し控えていたかに見える。

手紙の明確な日付はわからない。たぶん、1980年夏以降に違いない。ロイド＝ウェバーは、76年以来、毎年夏、ロンドンの西方80キロメートルのシドモントンにある別荘でシドモントン・フェスティヴァルと称する試演会をおこなってきたが、『キャッツ』のいくつかのナンバーが初めて披露されたのは、80年夏のこのプライベートな催しにおいてであった。ナンはその場にはいなかったが、ほどなくその録音テープを聴くことになる。

ナンは、マッキントッシュ、ロイド＝ウェバー宛の手紙で次のように断言してはばからない。

「ショウ、オペラ、芝居、小説、映画、舞踊なんであれ、物語抜きにして幅広い大衆的人気を得られるとは考え難い。『エイント・ミスビヘイヴィン』のようなアンソロジー・エンターテインメントは、ごく狭い範囲の熱狂的信奉者たちから祝福を受けるのみで、その寿命は限られている」

アンソロジー・エンターテインメントは強いて訳せば詞華集的娯楽作品といったところか。いわゆるカタログ・ミュージカルよりずっと芸術性の高い作品という意味合いが込められている、と私は見る。

ここでトレヴァ・ナンが一例として挙げている『エイント・ミスビヘイヴィン』は、30年代、ニューヨーク・ハーレムで活躍した人気歌手（ジャズピアニスト、作曲家でもあった）ファッツ・ウォーラー（１９０４〜43）の作品集である。ブロードウェイ初演は78年。１６０４回のロングランを記録している。

というわけで、ナンが主張するようにアンソロジー・エンターテインメントの寿命は長くないという例証として引き合いに出すには、必ずしもふさわしい作品ではない。

ナンの手紙はこう続く。

「私たちは単純な選択に迫られています。エリオット詩集の型式を遵守し、人気を求めず高品質のエンターテインメントを目指すか。あるいは、T・S・エリオットの詩、アンドリューの音楽を用い、ひとつの物語の基礎を築き、その物語のなかでそれぞれの猫のキャラクターを確定し、さらにエリオット好みの結末に向かって進展させるか。私は登場するのはすべて猫でなければならないと確信しています」

「猫でなければならない」の原文は「MUST BE CATS」とすべて大文字で記されている。

実はエリオット自身、〝猫詩集〟が舞台化されることを密かに望んでいたふしがあり、その際には進行役の人間を出すことも可と書き残しているという。ナンは、一時原作者のその考えに同意していたが、この手紙の時点ではオール・キャッツに方向転換したと見られる。

手紙は続く。

「ほかの猫を私たちに紹介するのも猫だ。猫しか知らない物語を語るのも猫だ。猫が秘密を暴き、猫が議論する。異なる階級の猫、色っぽい猫、ロマンチックな猫。猫はどこまでも謎めいていて不可解で未知で、（いわずもがなだが）人間的であってはならない」

トレヴァ・ナンが主張するのは、〝猫詩集〟をミュージカル化するのなら、絶対に物語が必要であること、登場するのはこれまた絶対的に猫に限ること、この二条件である。やがてナンは正式に『キャッツ』の演出を引き受け、この主張を貫き通すことになる。〝思想〟という言葉はいささか大げさかもしれないが、このふたつがミュージカル『キャッツ』を裏で支える根本思想である。この思想が裏でがっちり支柱的役割を果たしたからこそ、『キャッツ』は国境を超え時代を超え圧倒的支持を得ることができたのではないか。

すでに私は「死せるT・S・エリオット、トニー賞を手にする」の章で、『キャッツ』には脚本家として誰の名前もクレジットされていないこと、実際、脚本が存在しているように思える作品作りではないものの、うっすらとした筋書きならあること、そのプロットを設定したのは主としてトレヴァ・ナンであろうことなどを指摘した。今回、私がロイド＝ウェバー自伝から孫引きしたナンの手紙は、クレジットされていない陰の脚本家がナンであることを裏付ける有力な証拠と思われる。

私がナンの名前を知ったのは、70年1月、ロイヤル・シェイクスピア・カンパニーの初来日のときである。２本の演目のうち１本がナン演出の『冬物語』だったからだ（もう１本はテリー・ハンズ演出『ウィンザーの陽気な女房たち』）。40年生まれのナンは、当時まだ30歳になるやならずの若さだったにもかかわらず、すでに２年前からＲＳＣの芸術監督の座にあった。若いときからいかに嘱目されていたか、その証しである。

きらめく才能の持ち主に違いないのだが、『冬物語』は奇手を弄する舞台ではなかった。舞台美術を含め総体的に端正な仕上がりだったと記憶する。俳優たちが当時流行のヒッピー風のいでたちで登場する場面があったようだが、私には忘却の彼方である。

このナン演出『冬物語』の売りのひとつは、ジュディ・デンチの一人二役であった。シチリア王妃ハーマイオニー、その娘の王女パーディタを演じたのである。34年生まれのデンチはナンより６歳年長で、当時30代半ば、脂の乗り切ったＲＳＣの中堅女優として存在感を誇っていた。ナンにとっては頼り甲斐のある先輩女優だったのではなかろうか。

ロイド＝ウェバー自伝によると、トレヴァ・ナンが『キャッツ』の演出を引き受けるに当たっての条件のひとつが、なんらかの役でジュディ・デンチに参加してもらうことだったという。実際、彼女は稽古に入っていた。『冬物語』同様、『キャッツ』でもふたつの役を演じることになっていて熱心にとり組んでいたそうだ。ジ・オールド・ガンビー・キャット（ジェニエニドッツ）とグリザベラである。トレヴァ・ナンという演出家は、どうやら一人二役というキャスティングが好きらしい。

しかし、デンチの『キャッツ』出演は、稽古中にアキレス腱を切るという思わぬ事故のため実現に至らなかった。残念無念というほかない。

幻に終わった
ジュディ・デンチのグリザベラ

前章で、イギリスの名女優ジュディ・デンチが『キャッツ』世界初演（ロンドン、1981）のカンパニーに参加し、ジ・オールド・ガンビー・キャット（四季版ではジェニエニドッツ）、グリザベラの二役を稽古していたこと、しかし残念ながら稽古中の怪我で出演には至らなかったことを紹介した。

初めてこの事実を知った人は、彼女と『キャッツ』、というより彼女とミュージカルのとり合わせに結構びっくりしたのではなかろうか。シェイクスピア女優という印象がきわめて強烈な人ですからね。

実際、デンチのプロ・デビューは『ハムレット』（57、オールド・ヴィック・カンパニー）のオフィーリアであった。61年、ロイヤル・シェイクスピア・カンパニー（RSC）の一員になってのちは『尺には尺を』を皮切りに数多くのシェイクスピア劇に出演している。なかでも『十二夜』のヴァイオラがひときわ評判が高かった（Phyllis Hartnoll「The Oxford

Companion to the Theatre」Oxford University Press)。この『十二夜』は、72年、RSCが二度目に来日した際、上演されている。男装もあるヴァイオラ役を無理なく、むしろ颯爽《さっそう》と演じていたデンチの姿が、かすかながら目に浮かぶ。

シェイクスピア繋《つな》がりということなら、映画『恋におちたシェイクスピア』(98)でエリザベス女王に扮している。女性の役も男優が演じた女優ご法度の時代に、その禁を破って『ロメオとジュリエット』が上演されたが、舞台を大いに楽しんだ女王はあえてとがめ立てをしない。キャリア豊富な彼女にはぴったりの役どころであった。

実のところ私もデンチはミュージカルとは無縁と思い込んでいた。しかし最近、『キャバレー』のサリー・ボウルズを演じたことがあるとわかり、わが身の不明を恥じている。68年、このミュージカルがロンドンで初演されたときのことである。アンドリュー・ロイド＝ウェバーの自伝「UNMASKED」で知った。彼の評価はすこぶる高い。「マリア・カラス主演の『トスカ』以来、ロンドンで観た最高な舞台」とまで持ち上げている。カラスのオペラとジュディ・デンチのミュージカルを客観的に比較することが可能なのか疑問は残るが、私はふたつとも未見なので、はい、そうですかとただ首肯するだけにとどめる。

ロイド＝ウェバーが『キャバレー』でいちばん惹かれたのはハロルド・プリンスの「華麗

な演出」である。

『キャバレー』は、縫い目のない新しいミュージカルの演出方法に私の目を見開かせてくれた。その演出法と、ミュージカルは最初から最後まで一貫して作曲し得るという、私の日々増すばかりの確信とは、互いに共鳴し合うものであった」

ミュージカルを作曲するにはいろいろなやり方がある。作曲家、作品によって異なるが、主なミュージカル・ナンバーから順不同で手を付けるというのが伝統的な手法だったのかもしれない。今もそういうやり方がなくなっているわけではないとしても、60年代当時は今以上にその傾向が強かったろう。それだけに、全体的なプロットの流れに沿うようなミュージカルの作曲方法はないものか、野心に燃える作曲家としてその道を模索していたのではないか。

もちろんハロルド・プリンスの名前は彼の脳裡に深く刻まれた。のちに『エビータ』の演出家にプリンスを迎えることになるのも、この体験あればこそ。

〝一気通貫〟の音楽、継ぎ目のない演出、そしてその双方の合体こそミュージカルの必要条件だという〝思想〟は、もちろん『キャッツ』でもじゅうぶんに活かされている。ところで肝心のジュディ・デンチと『キャッツ』である。デンチの自伝「and furthermore」(Griffin)によると、彼女が『キャッツ』一座に参加するようになったのは、本人自ら冗談半分に出演したいと口を滑らせたせいだ。その頃彼女はアイルランドの劇作家ショーン・オケーシーの名作『ジュノンと孔雀』の稽古に明け暮れていた。演出はトレヴァ・ナン。ナンは併行して『キャッツ』の下準備にとりかかっていて、そのことはデンチらにも知れ渡っていた。

あるとき目の前の役がうまくこなせないでいたデンチはつい叫んでしまう。

「みすぼらしいおばあさん猫でもやったほうがましかもね」

それを聞きつけた振付のジリアン・リンがグリザベラ、ジ・オールド・ガンビー・キャットの二役を用意したという。

ミュージカル専門でない演技派の俳優ではブライアン・ブレスドが『キャッツ』の稽古に参加していた。多くのシェイクスピア劇（映画も含め）に出演してきた個性派である。オールドデュトロノミー、バストファァージョーンズと二役あたえられていた。

デンチ、ブレスドのふたりもプロのダンサーたちと一緒にダンス・レッスンに加わった。

けれどしばしばリンから、

「あなたたち、はずれて」

という叱声が飛んだようだ。

稽古はロンドン市内から約10キロメートル離れたチジックでおこなわれていた。ある日、ミストフェリーズ役のウェイン・スリープとガンビー猫の役をおさらいしていたデンチは、思いも寄らなかった事故に見舞われることになる。誰かがピストルを撃ったような音が聞こえ、足の裏側に大きな家具が倒れかかってきたような激痛が走った。あるいは荷馬車を引く馬に蹴られたような……。

医者は厳かに宣告した。

「アキレス腱を切った。あす手術。全治6週間」

入院中、ナン、ロイド＝ウェバーが見舞いにきて彼女に告げた。

「戻ってきても動きのあるガンビー猫は無理だ。グリザベラだけにしよう。あの役は拍手喝采間違いなしだからね」

復帰の日取りが決まったとき、一座の稽古はすでに本番のおこなわれるニュー・ロンドン劇場に移動し進められていた。デンチは矢も盾もたまらなかったのか、予定より1日前に劇場に出掛け、舞台に通じる足場を上りかけて足を滑らせ落っこちてしまう。翌日、全員の前で歌う前に演出家のチェックを受けたかったらしい。

万事休す。代役には急遽エレーヌ・ペイジが立つこととなる。

デンチと『キャッツ』の縁はこれで永遠になくなるはずであった。ところがどっこい、トム・フーパー監督の映画『キャッツ』（2019年末、欧米公開。20年新春、日本公開）のキャストに彼女の名前が登場しているではないか。ただしジジ・オールド・ガンビー・キャットでもグリザベラでもない。なんとオールドデュトロノミーだという。猫村に女村長の誕生である。これも時代の風潮の反映か？　その存在感、男性の Knight に当たる Dame の称号の持ち主であることを考え併せると、この役に彼女以上にふさわしい女優はいないかもしれない。

『キャッツ』上演の鍵を握っていたT・S・エリオット未亡人

１９８０年6月、アンドリュー・ロイド＝ウェバーは、わずか1ヵ月のうち二度、華麗で波瀾に満ちた彼の半生のなかでも格別意義深い体験をしている。

まず『エビータ』でのトニー賞受賞。楽曲（ロイド＝ウェバー、ティム・ライス）、脚本（ライス）、演出（ハロルド・プリンス）、照明（デヴィッド・ハーシー）、主演女優（パティ・ルポン）、助演男優（マンディ・パティンキン）の各部門を制覇し、遂に最優秀ミュージカル作品賞まで獲得した。このとき彼はまだ32歳でしかなかった。その若さで世界のミュージカル界の頂点にまで上り詰めたのだ。

ちなみにライスは37歳。『エビータ』には特に脚本家としてクレジットされている人物はおらず、ライスも作詞家としてのみ名を記されているにすぎないのに、なぜか脚本部門でノミネートされたばかりか受賞までしてしまうとは！　ミュージカルの神様のいたずらか？

いやいや、ミュージカル・ナンバーだけで構成されながら、プロットの進行具合に一貫性があり起伏に富んでいること、歌詞が科白《せりふ》以上に雄弁なことが評価されたせいに違いない。さすがトニー賞審査委員の目は節穴ではない。クレジットされていない脚本家の存在を作品の背後に感じとっていたのだから。

ロイド＝ウェバーのふたつ目の貴重な体験はT・S・エリオットの未亡人ヴァレリーさんと初めて面会したことである。「UNMASKED」には6月下旬とある。6月第1週のニューヨークでのトニー賞授賞式に出席し、ロンドンに帰ってのち、実現したものと思われる。

ミュージカル『キャッツ』の原点は、幼い日のアンドリューが母親に原作詩集の「ポッサムおじさんの猫とつき合う法」を読んで聞かせてもらった遥か昔にまで遡るが、実際に原詩に音楽を付ける作業を始めたのは『エビータ』準備中のことらしい。となると、『エビータ』ロンドン開幕が78年6月だから、77～78年である。以来、ロイド＝ウェバーは著作権所有者のヴァレリーさんに正式なご挨拶をすることなく書き続けてきたというわけか。

ヴァレリーさんはロンドンきっての高級住宅街ケンジントンに居を構えていた。各国大使館も多い閑静なエリアである。人通りも少ないし、それぞれの住宅もほとんどがカーテンが閉じられているかブラインドが下ろされていて、人の生活する気配はあまり感じられない。ロイド＝ウェバーによれば、「マンゴジェリーとランペルティィーザが跋扈《ばっこ》する地」ということになる。泥棒猫が獲物を漁るには格好の場所なのだろう。

このロイド＝ウェバーのひとことからも知れるように、『キャッツ』の舞台にはロンドンの街並みの特色がさり気なく反映している。こういうディテールがロンドンっ子やロンドン通にはたまらない見どころなのかもしれない。

ヴァレリーさんはブロンドの髪の毛、青い眼、長身で美貌の未亡人である。ロイド＝ウェバーは初対面の握手をしただけで夫君の遺産をきっちりと守る手強い相手だと察知した。彼女はその美しい容姿に似ず初手から一発かましてきた。

「〝猫詩集〟についてはディズニーが巨額の好条件を示してきたのですが、トム（T・S・エリオットのファーストネーム、トーマスの略称）はお断りしたのよ」

さらにこう追い打ちを掛けてきた。

「トムは『ファンタジア』が大嫌いだったの。あなたはお好き？」

『ファンタジア』は、40年、ディズニーが製作したアニメーション映画である。日本では55年に初公開された。伴奏音楽にはバッハ「トッカータとフーガ」、ベートーヴェン交響曲第6番「田園」、シューベルト「アヴェ・マリア」などクラシック音楽の名曲8曲がずらりと並ぶ。指揮は巨匠レオポルド・ストコフスキー、演奏フィラデルフィア交響楽団。

映像も『ファンタジア』の題名にふさわしく幻想的な趣向にあふれていた。チャイコフスキー「くるみ割り人形」では四季折々の自然の移り変わり、ストラヴィンスキー「春の祭典」

では地球創成期の恐竜たちが描かれている。

私は、初公開時に見たきりだが、当時、洪水のようにあふれ出る音楽と千変万化の画面に茫然となった思い出がある。昨今はＤＶＤ、ブルーレイでご覧になっている向きも多いかと思う。ＩＭＡＸシアターの威力を存分に活かした続篇『ファンタジア２０００』（99年公開）にも幻惑された。

それにしてもロイド＝ウェバーはヴァレリー夫人からディズニーの『ファンタジア』という爆弾を落とされてどぎまぎしたことだろう。ただ子どもの頃見て、それなりに楽しんだ記憶はあったようだ。

たぶん、いやたぶんではなく絶対的に、Ｔ・Ｓ・エリオットが『ファンタジア』が嫌いだったというのは、ヴァレリー夫人の言うとおりほんとうだったろう。『ファンタジア』だけではなくディズニー作品、あるいはディズニー文化そのものが好きじゃなかったのではないか。

〝猫詩集〟を読めば一目瞭然、エリオットの詩の面白さはナンセンスにある。意味不明と見せてその裏に暗喩が隠されているかと思うと、隠喩と見せかけて実は丸っきりナンセンスのこともある。

一方、ディズニー文化は、いいものはいい、悪いものは悪い、美しいものは美しい、醜いものは醜いと単純明快である。両者が相性がいいわけないではないか。

出だしこそいささか険難《けんのん》だったが、話を続けるうちにふたりの間の空気は徐々にほぐれていった。ヴァレリー夫人がロイド＝ウェバーの熱意にほだされたせいか。どことなく〝うい奴〟に見えたのかもしれない。未亡人は26年生まれ、48年生まれの作曲家より22歳年長であった。もちろん、つい先頃手にしたトニー賞での栄光も彼女の耳に届いていたことだろう。

実はこの初顔合わせでロイド＝ウェバーは彼女から大きな約束をとりつけることができた。近くロンドン郊外シドモントンの彼の別荘で催される私的でごく小規模な音楽祭に出席することを確約してくれたのだ。

この音楽祭では、「ポッサムおじさんの猫とつき合う法」のなかのいくつかの詩篇が音楽付きで披露されることになっていた。〝猫詩集〟が本格的ミュージカルに化ける可能性はあるのか、ロイド＝ウェバーはそれにふさわしい作曲家なのか？　すべてはそのステージの出来と彼女の判断に委ねられたのだった。

もちろん当日のパフォーマンスからミュージカル『キャッツ』の全体像を想像するすべなどなかった。しかし、観客はウィットに富んだ個々のナンバーをじゅうぶんに楽しんだようだ。とりわけミストフェリーズ、マキャヴィティが大受けだった。ヴァレリー夫人は約束どおり姿を現した。ただし公演が終わって10分ほどのちだった(これは彼女の戦術か)。しかし、とんでもない貴重なお土産を携えて。のちにグリザベラの原型となる夫君トムの遺稿である。

もちろん未発表の下書きがなければ「メモリー」は生まれなかった。そのあたりのいきさつについては、次章で改めて詳しく。

〝妖艶猫〟グリザベラはたった8行の詩片から生まれた

アンドリュー・ロイド゠ウェバーが「ポッサムおじさんの猫とつき合う法」をミュージカル化すべく、原作者T・S・エリオットの未亡人で著作権所有者のヴァレリーさんを表敬訪問したのは、１９８０年6月のことである。その返礼という意味合いもあってだろう、7月にはヴァレリーさんが、ロイド゠ウェバー主催のシドモントン・フェスティヴァルにやってきた。

詩集の版元フェイバー・アンド・フェイバー社のマシュー・エヴァンス会長と連れ立ってというところが隅に置けない。著作権などで揉めるようだったらその道のプロの智恵を借りようという心づもりが透けて見える。

一方、たった一度話したことがあるだけなのにこの若い作曲家が気に入ったのか、手にはとんでもないお土産を携えていた。ロイド゠ウェバー自身、自伝「UNMASKED」で次のように書いている。

「『主人の詩で世のなかに出ていないものをいくつかお持ちしたわ』。彼女は温かみのある、でもどこか素っ気ない口ぶりでそう言った。『アンドリュー、まずはグリザベラの物語を読んでいただきたいの。主人は子ども向けの詩にしては哀しすぎると思ったらしいのよ』。私は一読して背筋がぞくぞくっとなったことを今も思い出す」

またこうも記している。

「私にとってもっとも重要に思えたのは、グリザベラ・ザ・グラマー・キャットが悲劇のヒロインで誰もが手を差しのべたくなるキャラクターだという点である」

興奮の極に達したロイド＝ウェバーは、数多くのフェスティヴァル参加者のなかにプロデューサーのキャメロン・マッキントッシュ、振付家のジリアン・リンの姿を見つけ、思わず呼び寄せたという。

グラマー猫グリザベラを描いたエリオットの草稿には娼婦猫という文字はない。とはいえ、そう思わせる雰囲気はじゅうぶんに感じとれる。子どもを主たる読者に想定した「ポッサムおじさんの猫とつき合う法」の一篇として収めるには確かにふさわしくない。草稿にとどめた詩人の判断は正しかったといえるだろう。

妖艶猫グリザベラについての詩はたった8行しかない。しかし、その悲劇のヒロインとしてのイメージは十二分に伝わってくる。以前、私はその詩片を試訳したことがある（拙著「All about 劇団四季レパートリー──ミュージカル教室へようこそ！」及びその改訂版〈日之出出版〉に掲載）。少し手を入れ、ここに再録する。

「彼女はうらぶれた下町のそこここによく現れた
トテナム・コートの穢《けが》れた路地近くとか
無法地帯を駈け巡ることもあった
旭日楼から朋友亭までいろんな酒場を
郵便配達が頭を掻きむしりながら溜め息をついていた
人々は彼女がとうに死んだと思い込んでいた
いったい誰がそう気づくだろうか
あれが妖艶猫グリザベラだと」

ロイド＝ウェバーは、もともと既存の〝猫詩集〟だけでミュージカルを作ろうとするとなにかが足りないことが気になっていた。漠然とながらヒロイン不在に気づいていたのだろう。それにしても8行の詩片を目にした瞬間、足りなかったものを遂に手にしたと悟った彼の直感力には、ただ驚くほかない。

T・S・エリオットの詩魂がロイド＝ウェバーに乗り移り創作意欲をふるい立たせたのでは？と想像したくなる。もしヴァレリーさんがそのような化学反応が起こることを予想して、亡き夫君の草稿を手土産にしたとすれば、彼女もまた大した人物である。

ヴァレリーさんの手土産のなかにもうひとつロイド＝ウェバーの目を惹いたものがあった。エリオットがフェイバー・アンド・フェイバー社の創立者ジェフリー・フェイバーに宛てた私信である。そこにはジェリクルキャッツと呼ばれる猫たちが大きな気球に乗ってヘヴィサイド層に赴き、一大舞踏会を開く有様が記されていた。しかもクープレ（連句）まで書き添えられていたのだ。

「昇れ　昇れ　昇れ　ラッセルホテルより高く／昇れ　昇れ　昇れ　ヘヴィサイド層に向って」（池田雅之訳）

ちなみにヘヴィサイド層とは、地球から90～150キロメートル彼方、電波を反射する電離層と呼ばれる領域を指す。エリオットは天上の比喩として用いたと思われる。

そもそもジェリクルキャッツの jellicle とはなにを意味するのか。未亡人がロイド＝ウェバーに説明したところによると、英国上流階級の人々が dear little cats を気どって発音するとそう聞こえることにもとづく、エリオット一流のナンセンス・ジョークだという。ジェリクルキャッツ＝ディア・リトル・キャッツすなわち可愛い子猫ちゃんというわけだが、上流階級への皮肉が見てとれる。

ラッセル・ホテルという実在のホテルが登場するのも興味深い。グリザベラの詩に登場する旭日楼（The Rising Sun）、朋友亭（The Friend at Hand）などのパブもこれまたロンドンにあると聞いている。架空の猫の物語と思いきや人間社会の現実が紛れ込んでくる。そのあたりもエリオットの詩想の妙味かもしれない。

ロイド＝ウェバーは、ジェリクルキャッツの大舞踏会という構想から、〝猫詩集〟を一篇のミュージカルに仕立て上げるためのふたつのヒントを得た。もしかしてエリオットが、異なる猫たちを主題とするいくつかの詩をまとめ上げる劇的な核として、大舞踏会というイヴェントを考えていたのなら、それはそのままミュージカルの核としても使えるのではないか。これがひとつ。ふたつ目はミュージカルに不可欠なダンスを無理なくとり入れられるのでは、と思いついたことである。

前々からロイド＝ウェバーは、ロンドン・ミュージカルの弱点はダンスにあると考えていた。ブロードウェイに比べると60年遅れていると憂慮していたくらいだ。

70年代後半から80年代前半にかけてイギリスで活躍したホット・ゴシップというディスコ・ダンスのグループがある。女性ダンサーたちの動き、衣裳が際どいくらいセクシーなこともあり、テレビで人気が高かった。ロイド＝ウェバーは、一時期、このグループの主宰者アーレン・フィリップスを高く買っていて、『キャッツ』の振付に起用することも念頭にあったらしい。この思いつきは『キャッツ』の次の『スターライト・エクスプレス』で実現することになる。

驚くことにロイド＝ウェバーは初めてヴァレリー・エリオットさんを訪問した際、ホット・ゴシップを話題にしている。

「夫の〝猫詩集〟をどうされるおつもり？」

と尋ねられ、即座にアーレン・フィリップスの才能を喧伝しようとすると、未亡人はそれをさえぎり、

「トムならあのグループをひいきにしたでしょうね」

神、生、死など形而上的な思索者だったノーベル賞詩人は意外に世俗的な事柄にも関心を持っていた……。

グリザベラとロダンの彫刻を結ぶ不思議な関係

「CATS : The Book of the Musical」という『キャッツ』ニューヨーク公演を撮影した舞台写真集（兼歌詞集）がある。１９８３年、アメリカで出版された（Harvest/Hbj Book）。『キャッツ』の全歌詞も併せて紹介されている。Ｔ・Ｓ・エリオット詩集「ポッサムおじさんの猫とつき合う法」に載っている原詩だけではなく、ミュージカルのために新たに作られた「メモリー」「ジェリクルソング」ももちろん。

撮影者は誰あろうジョン・ネイピア。81年、ロンドンで世界初演がおこなわれて以来、このミュージカルの美術面（視覚面）における総責任者が、その舞台を自らの手でカメラに収めた写真集である。第三者のカメラマンではない当事者が撮影した舞台写真集というのは、ちょっと珍しいのではないか。

しかも、この写真集はただの裸の舞台を撮影したものではない。上演中の躍動する舞台が収められている。カラーありモノクロあり。さらにグリザベラ、オールドデュトロノミー、ミストフェリーズら主なキャラクターのオリジナル・デザインも見ることができる。お陰でデザインの原画と舞台写真を比較対照するなんて楽しみもやってみたくなる。原画で鮮明に描かれている耳は写真ではなくなっている。

最終的には多少の異同はあったにせよ、猫1匹1匹のキャラクターを作り上げるに当たってネイピアの果たした役割の大きさが、デザインの原画から一目瞭然見てとれる。ネイピアは、衣裳はもちろん、メーキャップ、髪型に至るまで克明に描いているのだ。

猫たちのさまざまな物語が進行する場所を都会の片隅のゴミ捨て場に設定したことも、そこに置き捨てられた古いタイヤ、空き缶などあらゆるゴミを、ほんものの猫の目ではなく俳優が演じる猫の目に映る大きさ、すなわち実寸の3倍以上のサイズで作るようにしたことも、すべてジョン・ネイピアのアイディアにもとづく。この写真集の解説文（無署名）にそうはっきり書かれている。

この「CATS:The Book of the Musical」には、ミュージカル『キャッツ』の原作者、詩人T・S・エリオットの夫人だったヴァレリーさんも一文を寄せている。彼女によるとエリオットには次のような文章があるという。

「猫の偉大さはとりわけ上質なふたつの特性を持っていることだ――威厳と飄逸《ひょういつ》さと」

猫が持つまったく相反する性格を見事見抜いた名言ではなかろうか。

さらに見逃すわけにいかないのは次のようなくだりである。

「TSE（夫君のT・S・エリオットのこと）が妖艶猫グリザベラについて8行の草稿しか残さず公表もしなかったのには理由があります。彼はフランソワ・ヴィヨンの詩『美しかりしオーミエール』を踏まえて書き進めるつもりでした。不運なこの女の物語は子どもたちには悲惨すぎると思ったのでしょうね」

フランソワ・ヴィヨンは15世紀のフランスの詩人である。その詩業はフランス文学史上燦《さん》然《ぜん》と輝く。かたわら放蕩無頼の主でもあった。その詩業はさまざまな悪事をたねに開花したのかもしれない。わが国でも鈴木信太郎氏、堀越孝一氏ら碩《せき》学《がく》たちが、その訳詩に難行苦行を重ねてきた。

「美しかりしオーミエール」のフランス語の原題は「La Belle Heaulmière」である。堀越孝一訳「ヴィヨン遺言詩集―形見分けの歌　遺言の歌」（悠書館）では「兜屋小町恨歌」という題名で訳出されている。なぜ兜屋小町？　La Belle すなわち美女を小町にしたのはわかる。美女代表の小野小町からの転用で何々小町と言いますからね。

仏和辞典を引くと Heaulmière に近い heaume という単語が出てくる。中世の兜という意味らしい。それで兜屋小町？

「兜屋小町恨歌」は10節からなる長篇詩である。かつて学生、商人、牧師とすべての男たちにもてもてだった絶世の美女が年老いて、「いまじゃ、それが、乞食にさえもこばまれる」（堀越訳、以下の引用も同じ）。

「老いよ、おまえはあたしから、あの至上の特権、／美があたしに授与してくれた力を奪った、」

嘆き節はどこまでも切々と続く。それにしてもエリオットが妖艶猫グリザベラの草稿を書くに当たって下敷きにした先行作品があったとは、はなはだ興味深い。万葉集の歌にのっとって新古今集の歌が詠まれるというような本歌取りの手法は、私たち日本人にはなじみのものである。『キャッツ』の詩人もそれと同じ方法でグリザベラ像を作り上げようとしていたことになる。

ヴァレリーさんの記憶するところだと『キャッツ』の原詩の多くが書かれたのは1936〜38年頃だそうだ。グリザベラの草稿も例外ではあるまい。

「美しかりしオーミエール」といえば、最近、私はフランスの彫刻家オーギュスト・ロダンに同名の作品があることを知った。ロダンがイタリア人の老婆をモデルにし原型を作ったのは、1885〜87年頃らしい。

もちろんロダンほどの芸術家が自国の偉大な詩人とその代表作を知らないわけがない。ヴィヨンの詩にあやかった表題を自作に付けるのはごく自然のなりゆきだったろう。もしかするとヴィヨンの詩に触発されて老いた女性像に挑戦したことだってじゅうぶん考えられる。グリザベラもロダンの老婆像も、フランソワ・ヴィヨンの詩という同じ親から生み落とされた……。

幸いにもロダンの「美しかりしオーミエール」は日本にいながらにして見ることができる。かの松方コレクションのひとつで、国立西洋美術館に常時展示されている。高さ50センチメートルの小ぶりなブロンズ像である。

「老醜をさらす肉体を過酷なまでに迫真的なモデリングで捉えた彫刻は、ロダンの数多くの作品の中でも最も自然主義的なものの一つである」(同美術館作品解説)

ようやく最近、私も上野に出掛け実物を見てきた。ためつすがめつするうちに堀越孝一訳「兜屋小町恨歌」の一節が脳裡をよぎった。

「ちぢまった腕、ちぢかんだ両の手、／かたくなって、ごつごつした両の肩、／乳房はどうなったって？　しなびた、／腰のまわりも、あわれ乳房とご同様、」

続いて「メモリー」の旋律がどこからか聴こえてくるような気がした。

国立西洋美術館にはもうひとつロダンの「美しかりしオーミエール」がある。入り口手前の外庭に展示されている「地獄の門」のなかにひっそりと姿を見せている。原型制作は１８８０～90年、１９１７年と二度にわたっておこなわれた。これも松方コレクションに属する。

松方コレクションとは、1910~20年代、実業家松方幸次郎がヨーロッパで買い求めた膨大なコレクションのことで、その総数3000点に及ぶ。ミレー、モネ、ルノワールなどの名画を含む。第二次世界大戦後、フランス政府に差し押さえられていたが、59年、日本に寄贈返還された。そのいきさつについては原田マハの小説「美しき愚かものたちのタブロー」(文藝春秋)に詳しい。

今回はジョン・ネイピアから始まって、エリオット、ヴィヨン、ロダン、松方コレクションとどんどん話題が広がってしまった。『キャッツ』の背後に潜む芸術空間がいかに広大か、その証しと思われる。

はぐれ猫ヴィクトリア、映画『キャッツ』で大活躍

映画『キャッツ』が全国公開された。私も早速駈けつけて字幕版を二度見た。吹き替え版も追って見るつもりだ。

もちろん今回の映画化は1981年、ロンドン初演以来の舞台をベースとしている。したがって舞台の二本柱、すなわちT・S・エリオット詩集「ポッサムおじさんの猫とつき合う法」及びその草稿、アンドリュー・ロイド＝ウェバーの音楽がきっちり継承されていることは、断るまでもない。

しかし、監督のトム・フーパーは、全体の構成、登場するキャラクター、各場面の細部などさまざまな面で、舞台とまったく同じ作りにする意向はあまり持ち合わせていなかったかに見える。

彼のそのような意図は、端役にすぎないヴィクトリアを大きく膨らませたところにもっとも端的に表れている。この美しい牝猫は、ジェリクルキャッツ一族ではなく、外部の世界か

らの闖入者《ちんにゅうしゃ》という設定である。彼女にとって初めて接するジェリクルキャッツの世界は、すべてが驚愕のたねであり困惑のもとだったに違いない。と同時に、いったいここはどことい う興味もひとかたならぬものがあったろう。

今は『キャッツ』通を任じているファンだって、最初の観劇の際は、ヴィクトリア同様に未体験の光景ばかりで戸惑いが多かったのではないか。81年7月、ロンドンで初演の舞台を観たときの私がそうだった。

ましてや今回は映画である。世界各国で公開され、初めてキャッツ・ワールドと相対する観客が圧倒的な数に上るはずだ。その膨大な数の『キャッツ』初体験者の何割かが、異様な猫の世界に拒否反応を示さないとは限らない。

ヴィクトリアは、最初のうちこそジェリクルキャッツ独自の世界に融け込めないでいたが、徐々に違和感を解消していく。拒否反応を起こした観客たちも、同じくヴィクトリアの視線を共有しているうちに、ジェリクルキャッツたちと同化するようになるだろう。フーパー監督の仕掛けたからくりはどうして巧妙である。

このヴィクトリア役に英国ロイヤル・バレエの名花フランチェスカ・ヘイワードを起用したキャスティングが、なんとも憎い。彼女はバレエ界でこそ世界的に知られるが、ミュージカル界でも映画界でも知名度は高くない。それだけにこの配役は新入り猫という役柄にぴったりだ。どこからかジェリクルキャッツ村に迷い込んだヴィクトリア、無縁のミュージカル映画に単身乗り込んだヘイワード、イメージ的に重なり合っていないだろうか。

このヴィクトリアが一群の猫たちのなかでなぜか格別の親近感を抱くのが嫌われ者のグリザベラである。かつてはもてもてだった彼女も今は見る影さえない。片や部落内でもっとも遠ざけられている老いた猫、片や故郷を離れ見知らぬ世界に放り込まれたはぐれ者の若い猫で、孤独な魂を抱える者同士だからこそ気脈が通じ合えたのか。

製作側からの広報記事によると、ミュージカル『キャッツ』の発案者であり作曲家であり映画のエグゼクティヴ・プロデューサーでもあるロイド＝ウェバーは、出来上がったばかりの映画脚本を読んだ瞬間、「ここまでヴィクトリアの役柄が重きをなしているのなら、彼女のための一曲がなくてはおかしい」と発言し、ただちに作曲にとりかかったという。

幸い映画のキャストのなかにはボンバルリーナ役のテイラー・スウィフトが控えていた。名だたるシンガー・ソングライターのあのスウィフトである。ある日、ロイド＝ウェバーは、稽古場のピアノの前に彼女を誘い、出来立てのほやほやの旋律を聴かせた。そして作詞を依頼した。出来上がったのが映画『キャッツ』のなかの唯一の新曲「Beautiful Ghosts」である。お陰で名バレリーナは歌にも挑戦することになった。

このあたり、作曲家とメイン・プロデューサーが同一人物だという強味が発揮されての一幕である。そうでなかったら撮影中に新たなミュージカル・ナンバーを追加するという難しい作業が、とんとん拍子にはいくまい。

なお映画のエンドソングとしてスウィフトの歌うヴァージョンが流れる。間違いなく心のひだにまで染み入る名唱である。

私の見立てでは「ビューティフル・ゴースト」と「メモリー」は一対をなす。あるいは「ビューティフル・ゴースト」は「メモリー」のアンサー・ソングという位置付けもできるのではないか。

旋律的には「メモリー」のインパクトは強烈だ。しかし、曲全体がかもし出す抒情性という点では「ビューティフル・ゴースト」もじゅうぶんにいい線いっていると思う。

「ビューティフル・ゴースト」の優美な旋律に耳を傾けながら、私は改めて感じ入った。俗に陥らず、かつ多くの人々から親しまれるようなミュージカル・ナンバーを書かせたら、ロイド＝ウェバーの右に出る者はいない、と。

テイラー・スウィフトが書いた歌詞は、曲の抒情性をよく理解し幻想的な雰囲気をかもし出す。なにより「美しい幽霊たち」という語彙《ごい》の効果、絶大なるものがある。

グリザベラの「メモリー」もヴィクトリアの「ビューティフル・ゴースト」も主題は思い出である。老いたグリザベラにとっても、まだじゅうぶんに若いヴィクトリアにとっても思い出は生きていくための寄りどころなのだろう。

出演者の顔ぶれは出身地、国籍、芸歴を含め多彩をきわめる。イギリスの正統派演劇俳優ジュディ・デンチ（オールドデュトロノミー）、イアン・マッケラン（ガス）、英国籍だがアメリカ・テレビ界でも人気が高いジェームズ・コーデン（バストファージョーンズ）、「アメリカン・アイドル」出身、映画『ドリームガールズ』で知られるジェニファー・ハドソン（グリザベラ）、『パリのアメリカ人』ブロードウェイ初演で主役ジェリーを演じたロバート・フェアチャイルド（マンカストラップ）など。シンガー・ソングライター、テイラー・スウィフトは音楽的にはカントリー系だし、ロイヤル・バレエのプリマ・バレリーナ、フランチェスカ・ヘイワードはケニア・ナイロビ生まれ、英国籍だという。

この多様なキャスティングとともに、ジェリクルキャッツ村村長を女性に変えた点にも注目したい。この2点には21世紀国際社会の問題点がダイレクトに反映していると見る。

よそ者のヴィクトリアが、村の長《おさ》オールドデュトロノミーに「私にもジェリクルたちの舞踏会に参加する資格があるでしょうか」と恐る恐る尋ねる場面がある。女村長は「もちろんよ」とヴィクトリアの背中を押す。今、世界に求められているのはこの寛容の精神である。

トリヴィアひとつ。冒頭、ロンドンの歓楽街の夜景が映し出される。さまざまな店の電飾がきらきらと輝く。そのなかにT・S・エリオットのグリザベラを巡る草稿に登場するパブ「ライジング・サン」のネオンもある。「〝妖艶猫〟グリザベラはたった8行の詩片から生まれた」の章でこの草稿をとり上げた際、私が仮に「旭日楼」という訳語を当てておいた店だ。皆さん、お見逃しなきよう。

ロンドンには
ジェリクルキャッツがよく似合う

映画『キャッツ』を見たあと、さまざまな画面に思いを馳せているうちに、ふと「UNMASKED」に引用されているハロルド・プリンスの手紙を思い浮かべた。

演出家プリンスはロイド＝ウェバーにとって『エビータ』をトニー賞最優秀作品賞に導いてくれた大の恩人だ。一方、プリンスにはロイド＝ウェバーは目のなかに入れても痛くない若き才能だったろう。

プリンスは、1981年5月、ロンドンで『キャッツ』のプレヴューが始まると、早速、劇場に駈けつけた。そしてロイド＝ウェバーに感想を送り届ける。

「『キャッツ』観た。一級品だ。ひとつだけ問題がある。猫たちの名前だが、やはり理解するのがかなり難しい。原詩になじみのない者には時折フラストレーションのたねになる。とまれブラヴォー！　ハル」

ハルはハロルドの愛称である。

今回の映画でも『キャッツ』に初めて対面する観客だったら、ジェニエニドッツだ、バストファージョーンズだと言われても戸惑うばかりという人もいたのではないか。耳からだけだとわかり難いので、新しい猫が登場するたびに字幕で表示するとか、ひと工夫あってよかったと思う。これは日本だけではなく世界共通の問題でもある。

舞台と比べ映画ではヴィクトリアが捨て猫の新参者という役柄設定で大きく膨らんだことは、前章で、触れたとおりだが、ほかでは悪役マキャヴィティが俄然《がぜん》存在感を増している。随所でジェリクルたちの舞踏会で優勝を狙っていることを匂わせる。虎視眈々、天上へのパスポートを手に入れようという魂胆が透けて見える。しかし、もちろんその野望が達せられるはずなどない。『キャッツ』はあくまでもヒロイン、グリザベラの物語なのだから。悪役はどこかで消えてもらわなくてはならない。

映画版ではマキャヴィティは英国人のイドリス・エルバが演じている。グリザベラは米国人のジェニファー・ハドソン。優勝者を決めるオールドデュトロノミーは英国人のジュディ・デンチ。エルバとハドソンは黒人、デンチは白人である。

たまたま、このような配役について問題提起している映画評をひとつ見つけた。米週刊誌「ザ・ニューヨーカー」２０１９年12月27日号。書き手は同誌の常連映画評論家リチャード・ブロディ。文芸的色合いの濃いこの雑誌に似つかわしい、捻りのきいた書きっぷりだ。

ブロディは「配役の多様性は賞讃に値する」としながらトム・フーパー監督に疑問を投げかけている。

「結果的に全体の物語がふたつの枝葉《えだは》に割れてしまった。ひとつは黒人大悪党の追放劇、もうひとつは貧しく蔑まれてきた黒人女性の復活劇というふうに。しかも、自らの苦痛を歌に昇華させているその女性グリザベラに徳があるかないかは、ひとりの白人女性の手に委ねられているのだ」

劇中、オールドデュトロノミーは「評価は猫1匹1匹の魂のありよう次第」と宣言している。確かに白人猫の裁定で黒人猫の運命が決まるというのは、一種の人種差別と捉えられないこともない。

もっとも演じたデンチにすれば乞われるまま引き受けた役だろうから、言われても困惑するか苦笑するかしかないか?

さらにこの映画評論家は、映画のなかでホワイト・キャットと呼ばれているヴィクトリア役、フランチェスカ・ヘイワードの外見、化粧についても疑問を述べている。

「フーパー監督はヴィクトリアに白い毛をまとわせている。ライト＝スキン（light-skinned）の黒人女性（black woman）に白い顔（whiteface）と言ってもおかしくない化粧をさせた。奇妙だし無意味だ」

今の時代である。ミュージカルも人種問題と無縁ではない。誤解を招かないよう、もとの英語を書き添えておく。

今回の映画版『キャッツ』は日本では字幕、吹き替えと2種類のヴァージョンが公開されている。字幕版の利点はT・S・エリオットの原詩にふさわしい英国式アクセントで歌、科白《せりふ》が楽しめることだろうか。キャスト全員が英国式英語を喋ることができるわけではないし、監督がそれを強制したとも思えない。もしそんなことがあったら、それこそ配役の長所、人種的多様性に疑問符が付けられてしまうだろう。

しかし、ジュディ・デンチ、ガス役イアン・マッケランのような英国の伝統的ストレートプレイで鍛え上げられた英国人俳優たちの一言一句からは、英国式アクセント、イントネーションをたっぷり味わい尽くすことができる。アメリカ英語にはない独特の格調は、非日常的で滑稽ささえ感じられるが、その気どりがすこぶる魅力的でもある。

そういえば、元ニューヨーク・シティ・バレエプリンシパルで、現在セントルイス・バレエの芸術監督の堀内元さんからこんな話を聞いたことがある。元さんは、ニューヨーク、ロンドン、東京でミストフェリーズを演じたというすごい経歴の持ち主だが、本場も本場、ウェストエンドのニュー・ロンドン劇場（現ジリアン・リン劇場）でこの難役に挑んだときは、ダンスもさることながら英国式発音の特訓がひと苦労だったと話していた。

「ブロードウェイではなにも言われなかったのに」

ミストフェリーズには、ご存知ダンスのこれぞという見せ場がある。基礎から完璧にバレエを修得していなくてはなし得ない大技である。舞台版では見せどころのひとつだが、映画版では割愛されている。ダンスという芸の力だけで観客を圧倒するあのような景は、生の舞台にこそふさわしくスクリーンには不向きだからかもしれない。

ガスこと俳優猫アスパラガスが海賊の親分グロールタイガーに扮しシャム猫軍と戦う劇中劇も、映画版ではカットされている。ここも多分に個人芸がものをいう見せ場である。映画向きではない？　ただ映画のガス役が名優イアン・マッケランだけに見てみたかった。

ミストフェリーズ、グロールタイガーの景とは逆に、スクリーンだからこそのスケール感がひしひしと感じられたのは、車掌猫スキンブルシャンクスの景である。機関車が一瞬にしてばらばらになるあの仕掛けは見られないが、車内まで入り込めるという別の楽しみがある。鉄橋を渡る列車の遠景を捉えた場面は映画ならではだし、美しかった。

映画ではロンドンの街並みがしばしば映し出される。舞台ではとある都会のゴミ捨て場以上のリアリティは消し去られていたので、そうか『キャッツ』はロンドンの物語だったのだなと、改めてその背景に思いを致すことになる。ジェリクルキャッツたちの跋扈《ばっこ》ぶり（扮するキャストの多様さを含め）も大都会ならではのものだろう。ロンドンにはジェリクルキャッツがよく似合う。

というわけで映画版に見どころがないことはないけれど、『キャッツ』ファンにとって果たして総体的に大満足のいく仕上がりであったかどうか。そもそものこのミュージカルの生みの親であり映画のエグゼクティヴ・プロデューサーでもあるアンドリュー・ロイド＝ウェバーの本音を尋ねてみたい。

シェイクスピア演出家のトレヴァ・ナンに白羽の矢

アンドリュー・ロイド＝ウェバーが作曲家として、またプロデューサーとしてミュージカル『キャッツ』にどう係わってきたか。その経緯について、もう一度時系列的に確認しておきたい。

ロイド＝ウェバーがT・S・エリオットの原詩に実際に音楽を付ける作業を始めたのは『エビータ』準備中の１９７７年のことである。本人自身が次のように書いている。

「私が『ポッサムおじさんの猫とつき合う法』に曲を付け始めたのは１９７７年後半のことだった。ひとつには子どもの頃からこの詩集に愛着があったから。もうひとつには既存の詩に曲を付けたかったからだ」（「CATS：The Book of the Musical」）

「既存の詩に曲を付けたかったから」というふたつ目の理由がすこぶる興味深いが、今は時系列確認を優先させる。

80年6月、ミュージカル化の許諾を得るためにロイド＝ウェバーはエリオット未亡人ヴァレリーさんを初めて訪問する。同年7月、ロイド＝ウェバーが私的に開催するシドモントン・フェスティヴァルでミストフェリーズ、マキャヴィティのナンバーが披露された。この音楽祭にはヴァレリーさんも出席し、彼女から作曲家にグリザベラ、ジェリクルキャッツについてのエリオットの遺稿が手渡された。

なるほどグリザベラはヒロイン役にまで膨らませることができるかもしれない。ジェリクルキャッツの大舞踏会だって目玉のダンス場面に化ける可能性なきにしもあらず。しかし、ごくシンプルな草稿というべき遺稿から誰がどうやってそれらのキャラクターや見せ場を作り出せるというのか。すなわちミュージカルの製作過程においてもう一段階上がるためにはどうしたらいいのか。

ロイド＝ウェバーは、手もとに集まったもろもろの素材をのちにポプリと呼んでいる。このポプリから一条の魅惑的な香りを引き出すにはどうしたらいいか。解決策はその仕事に長《た》けた才能に参加してもらうしかない。

『キャッツ』はスタートから異色のプロジェクトだった。原材料は一冊の詩集のみ。そのなかのいくつかの詩篇に曲が付けられているものの、全ナンバーが出そろっているわけではない。脚本なし。プロット（大筋）さえまだない。

このプロジェクトが必要としているのは、〝猫詩集〟のミュージカル化に賛同し、その舵取り役すなわち演出家を引き受けてくれる人物である。できれば大筋ぐらい組み立ててくれたら有り難い。

かくして白羽の矢が立ったのがトレヴァ・ナンであった。ナンにとりわけご執心だったのは、ロイド＝ウェバーとともにプロデューサーを務めることになったキャメロン・マッキントッシュだった。

この時点でマッキントッシュはウェストエンドでさしたる実績を上げていなかったが、ロイド＝ウェバーより英国演劇界の動向に通じていた。商業演劇でないナショナル・シアターやロイヤル・シェイクスピア・カンパニー（RSC）、さらにはオペラ界にも詳しかった。早い段階から彼は、『キャッツ』をこなすことのできる演出家はブロードウェイを含め商業演劇の世界にはいないと見ていたのではないか。

一方、ロイド＝ウェバーは、『エビータ』を成功に導いてくれたハロルド・プリンスになにかと『キャッツ』の相談を持ちかけていたが、プリンスから自分向きの作品ではないとやんわり断られている。アメリカ人でユダヤ系の彼は、エリオットのイギリス的機知・諧謔《かいぎゃく》、暗喩は性に合わないと思っていたのだろう。

トレヴァ・ナンは40年生まれ、ケンブリッジ大学卒。65年、ロイヤル・シェイクスピア・カンパニーの演出家に迎えられ、シェイクスピアの名作『リア王』『空騒ぎ』『冬物語』『へンリー八世』などを新鮮な演出で甦らせた俊英である。しかも69年には29歳の若さでRSCの芸術監督にまで上り詰めている。

RSCは〝王室勅許による法人〟〝パトロン＝女王陛下〟というものものしい肩書き付きの国立劇場である。歴代芸術監督にはピーター・ブルック、ピーター・ホールなど世界的に超一流の演出家が名を連ねている。若くしてナンがいかに嘱目されていたか、多くを語る必要はなかろう。

70年代後半、『キャッツ』の準備段階当時、RSC、もうひとつの国立劇場ロイヤル・ナショナル・シアター（NT）と商業演劇を製作・上演するいわゆるウェストエンドとの間には、まったく交流がなかった。NTやRSCのレパートリーにミュージカルが登場することはなかったし、ましてやRSCの芸術監督がウェストエンドの商業演劇に出向いて演出することなど考えられもしなかった。そのような状況下だったにもかかわらず、『キャッツ』の演出家候補としてトレヴァ・ナンの名前が挙げられたことは、革命的な出来事といっていいだろう。

実はロイド＝ウェバーは、『キャッツ』の作曲をし始めた頃、マッキントッシュとランチをし、密かにこの企画を打ち明けているのだが、その際、マッキントッシュは、即座にこの気鋭の演出家の名前を口にしたという（『UNMASKED』）。

「ジリアン・リンが振り付けしナンが演出したRSCの『間違いの喜劇』を観たことある？」

と尋ねているのだ。76年、ＲＳＣが上演した舞台のことである。ロイド＝ウェバーは観ていなかったが、マッキントッシュの脳裡に浮かんだ考えはよく理解できたとみえる。〝猫詩集〟は子どものために書かれたものとはいえ、20世紀の大詩人の手になる〝純文学〟である。一筋縄ではいかない韜晦《とうかい》趣味に満ち満ちている。これまでミュージカルが本道としてきたコメディ・タッチのボーイ・ミーツ・ガール物とはおよそ縁遠い。それに今のところ脚本も筋書きもないときている。この作品にふさわしい演出家は既存のミュージカル界にはいないだろう。どこか別の世界から連れてこなくては……。

『間違いの喜劇』は、生き別れとなった双子の兄弟、そのふたりに別々に仕えるこれまた双子の召し使い、彼等４人が惹き起こす擦れ違いと混乱の爆笑喜劇である。初演は１５９４〜95年とされる。ナンはそんなシェイクスピアの古典的作品を現代劇風の装置・衣裳で上演した（背景はギリシャの港町か？）。しかも自ら作詞した楽曲（作曲ガイ・ウールフェンデン）を挿入し、ミュージカルに仕立て直して……。

この舞台を観たマッキントッシュは、ナンにはミュージカル演出家としての才能があることを一目で見抜き、記憶していたに違いない。

幸いこの舞台は、１９７８年、テレビ録画のために上演されＤＶＤ化もされている。主要キャストは初演時の舞台とほとんど変わっていない。

私も遅ればせながらＤＶＤをとり寄せて見てみた。召し使いの扱いが道化師の伝統を踏まえているあたりさすがだと思った。トレヴァ・ナンに一目惚れしたマッキントッシュの気持ちがよくわかりましたよ。

父は言った「この曲、100万ドルの響きがする」

アンドリュー・ロイド＝ウェバーは、よきにつけ悪しきにつけジャコモ・プッチーニと比べられることが多い。オペラ『ラ・ボエーム』『トスカ』『蝶々夫人』『トゥーランドット』を作曲したあのプッチーニとだ。

確かに彼等の音楽劇にはオペラ、ミュージカルの垣根を越え、しばしば悲壮感が鳴り響く。そこがまず一点。さらにその悲壮感がドラマの高揚感をより高める役割を担っている点も、多分に似通っている。

今、挙げたプッチーニのオペラはいずれも死と無縁ではない。同様、ロイド＝ウェバーの『ジーザス・クライスト＝スーパースター』『エビータ』『キャッツ』『アスペクツ オブ ラブ』『サンセット大通り』でも、ドラマと死が密接な関係にある。『オペラ座の怪人』では主要人物こそ死なないが、殺人事件が二度も起きる。題材からして彼等の音楽から悲壮感というか哀切の情というか、その種の情感がしのび寄ってくるのは当然のなりゆきだろう。

1982年10月7日、ブロードウェイで『キャッツ』が開幕したとき、ニューヨーク・タイムズの劇評家フランク・リッチは、翌朝の劇評でこの作品の目玉のナンバー「メモリー」について「プッチーニの残り香漂うバラード」と評した。プッチーニ、ロイド＝ウェバーふたりの音楽の相似性についてもっとも早い時期に触れたもののひとつだろう。

フランク・リッチは、80〜93年、ニューヨーク・タイムズで健筆をふるった劇評家である。人呼んで〝ブロードウェイの butcher〟、それだけ強面で恐れられていたということだが、先の「メモリー」についての1行からはまったく意地悪なニュアンスは感じられない。ごくすなおな感想としてこちらもすなおに受けとっておく。

私の記憶では、ブロードウェイの人々がロイド＝ウェバーをプッチーニと並べて口にするようになったのは、88年、彼の地で『オペラ座の怪人』が始まってのちのことだと思う。『オペラ座〜』とプッチーニの『西部の娘』が部分的に際どいくらい似通っているのに気づいたからだった。

以来、世界的にロイド＝ウェバーの〝プッチーニ・エピゴーネン説〟がとり沙汰されてきた。興味のある向きはウェブ上で検索を。

似ているいないはさて措き、そもそもロイド＝ウェバーはプッチーニに対して深い関心を抱いていたようだ。T・S・エリオット原作「ポッサムおじさんの猫とつき合う法」の詩篇に音楽を付ける作業のかたわら、プッチーニが『ラ・ボエーム』を作曲した際の裏話をミュージカル化すべく、密かに想を練っていたという。「UNMASKED」で詳しく書いている。

発端は著名な音楽学者、音楽評論家モスコ・カーナによるプッチーニ作品研究書を読んだことだった。ロイド＝ウェバーは、同じ原作「ラ・ボエーム」（アンリ・ミュルジェール著）をもとにした、もう1本別のオペラの存在を知る。オペラ『道化師』の作曲家ルッジェーロ・レオンカヴァッロの手になる。題名も『ラ・ボエーム』とまったく同じ（のちに『ミミ・パンソン』と改題）。今日、不動の地位、人気を誇るプッチーニ版と正反対に、今はほとんど顧みられることはない。しかし、初演当時は逆でプッチーニ版よりレオンカヴァッロ版が好評だったらしい。

もともとレオンカヴァッロは台本作家、作詞家でプッチーニの『マノン・レスコー』に係わっている。しかし、『道化師』で作詞、作曲両方をこなし、成功して以来、作曲にも野心を燃やすようになった。ふたりの微妙な人間関係に目を付けたロイド＝ウェバーは、次のようなあるひとつの仮定的なエピソードを思いつく。

プッチーニは、オペラの目玉となる魅力的な旋律を書き上げ楽譜出版を託していたジョヴァンニ・リコルディに聴いてもらう。作曲家は自信満々だったが、リコルディは「ゴミだな」と鼻も引っかけなかった。

『ラ・ボエーム』初演が失敗に終わったとき、プッチーニは改めて妻にこの曲を聴かせ慨嘆する。「もしリコルディの反対がなかったら、成功はわが手にあったのに」と。

以前、私は拙著「ミュージカル教室へようこそ！」のなかでもこの架空の名アリアについて触れているが、歌を巡る状況は異なる。作曲したのはプッチーニではなくレオンカヴァッロになっている。参照した資料（Michael Coveney「Cats on a Chandelier : The Andrew Lloyd Webber Story」Random House UK）がそうなっていたからだ。

なおマイケル・コヴェニーのこの著書によると、ロイド＝ウェバーの構想では、『ラ・ボエーム』のなかの有名なアリア、詩人ロドルフォが貧しき乙女ミミに捧げる「冷たい手を」へのアンサー・ソング、すなわちミミの持ち歌として作曲されたものだという。ロイド＝ウェバーは、プッチーニを上回ろうという気概を持って書いたに違いない。

もっとも70歳を機に執筆した自伝「UNMASKED」では、殊勝にも、「いかにもプッチーニ風という1曲が書けたのは終わりかけていた青春の傲慢さあってのことだろうか」と追想している。

この若気の至りで書いてしまった〝いかにもプッチーニ風〟の曲について、コヴェニーの評伝にもロイド＝ウェバー自伝にも共通して登場するエピソードがある。音楽家としての大先輩、父ウィリアム・ロイド＝ウェバーにわざわざ聴かせ意見を求めたというのだ。もともとプッチーニへのトリビュートの意思から作曲した曲ではあるものの、もしコピーの段階にとどまっていたら？　そこに一抹の不安を覚えていたからだった。自伝のほうから引く。

「父は一度聴いたあと、もう一度弾くよう求めた。二度目の演奏を終えたのち、私はおずおずと尋ねた。いかがでしたか、と。しばし沈思黙考、父は答えた。〝100万ドルの響きがするよ、お前は大した奴だ〟」

今、「お前は大した奴だ」と訳した箇所の原文は「you crafty sod」である。「crafty sod」の2語には皮肉も込められていると見る。「隅に置けない奴だ」という意味合いもなしとはしない。

自伝より先に書かれたコヴェニーの評伝のほうにも父親が「1000万ドルの響き」という感想を洩らしたとある。この際、父親の値踏みが、100万ドルであろうが1000万ドルであろうがどうでもよろしい。父親は息子の旋律作りの才能にひたすら感服したということである。

その後、ロイド＝ウェバーは、『ラ・ボエーム』合戦という企画そのものに興味を失ったのか、積極的に進めることもなく、100万ドルのお墨付きを得た新曲も忘れ去られたままとなる。いっとき『エビータ』のペロン大統領のナンバーにはめ込もうという試みもあったと聞く。

もっとも、この新曲はそう長く埋もれていたわけではない。『キャッツ』の目玉中の目玉「メモリー」として間もなく華々しく脚光を浴びることになる。グリザベラに決定的なナンバーがないという演出家トレヴァ・ナンの言葉に突き動かされ、ロイド＝ウェバーが引き出しにしまわれているこの楽曲を思い起こしたからだ。『キャッツ』を巡る最高にスリリングな裏話じゃなかろうか。

ロイド＝ウェバーの好敵手は
ポール・マッカートニー？

１９８４年11月、アンドリュー・ロイド＝ウェバーが初めて日本にやってきた。11月10日の『キャッツ』第１次東京公演の千秋楽に出席するためだ。結婚ほやほや、熱々同士のサラ・ブライトマンと手を携えて……（ロンドン初演のジェミマ役。90年離婚）。

ミュージカル『キャッツ』がロイド＝ウェバーの地元ロンドン、ウェストエンドで開幕したのは、81年５月11日、於ニュー・ロンドン劇場である。新劇場名は、オリジナル版で共同演出・振付の大任を果たした今は亡きジリアン・リンに由来する。

82年10月７日、ウェストエンド開幕から１年半後、ニューヨークのウィンター・ガーデン劇場でブロードウェイ公演がスタートした。ちなみにロンドン公演は８９５０回、ニューヨーク公演は７４８５回の連続上演記録を残している。

ロンドン、ニューヨークに次ぎ、83年11月11日、新宿西口の空地に特設されたキャッツ・シアターで東京公演が始まった。ロンドンのワールドプレミア初日からわずか２年半後ということになる。

公演自体、たった1年で千秋楽を迎えることになったが、切符の売れゆきからするとさらなる続演も決して不可能ではなかった。劇場が仮設のため延長許可を必要とし、それが役所から得られず泣く泣く諦めたという経緯がある。

ただそれにしても1年間の長期公演は、日本興行史上初の快挙といえる。当時としては歌舞伎座、東京宝塚劇場など名だたる商業劇場でさえ、通常、1ヵ月単位の興行が慣例だったのだから。

今、振り返ってみると、1年ロングランという革命的出来事に対し、当事者はさて措き、世間ないしマスコミの反応はさほど盛り上がりを見せなかった。日本ではその名前がじゅうぶん知られていなかったのか、ロイド＝ウェバーへの関心もそれほどではなかった。

せっかく、気鋭のミュージカル作曲家が初来日したにもかかわらず、まともなインタビュー記事がひとつとして出ないとはもったいない――そう思った私は、週刊朝日編集部に話を持ち込んで見開き2頁の記事を書かせてもらった（84年11月23日号掲載）。

その記事のなかに次のようなくだりがある。

「アンドリュー・ロイド＝ウェバーをビジネス面で補佐するブライアン・ブローリーは、かつてポール・マッカートニーのマネジャーをしていたことがあるが、彼によるとアンドリューとポールは、ともにメロディーづくりの天才だという。特にアンドリューはクラシックの基礎があるので完成度が高いとほめちぎっている」

当時、ブライアン・ブローリーは、ロイド＝ウェバー・ミュージカルの製作・運営・管理会社リアリー・ユースフル・グループの、ロイド＝ウェバーに次ぐナンバー2で、このときもロイド＝ウェバーと行をともにしていた。ロイド＝ウェバーの会社に参加する以前は、確かにリンダ＆ポール・マッカートニーのマネージメント会社ＭＰＬコミュニケーションズのマネージング・ディレクターだったこともある。

それだけにこの人がアンドリューとポールを並べて「メロディーづくりの天才」と太鼓判を押すと、理屈を超えて万鈞《ばんきん》の重みがある。

もちろん、このふたりにはさまざまな違いがある。アンドリューは原則的にはポップ・ソングは書かない。ポールは昔も今もミュージカルの創作には手を染めていない。ポールはいわずもがなロック魂の権化である。同様、アンドリューに生まれながらにしてロック魂が宿っているかというといささか疑わしい。

なるほどロイド＝ウェバーの出世作『ジーザス・クライスト＝スーパースター』にはロッ

ク・オペラというサブタイトルが付けられている。ミュージカル・ナンバーをロックのリズムで装飾する技巧という点では、耳をそばだてさせるものがある。しかし、作る音楽と不即不離のロック精神があるかというと考え込まずにいられない。

ロイド＝ウェバーとロックの関係を見きわめるには『スクール・オブ・ロック』が格好の材料だと思う。教師になりすました売れないロック・ミュージシャンと生徒たちとの心の交流が描かれるのだから、ある意味、ロックが〝主役〟のはずである。にもかかわらず私たち観客の魂を直撃するようなロック音楽が聴こえてこないのはどうしてか。

先の週刊朝日の記事からもう一箇所引用する。

〈『キャッツ』の主題曲「メモリー」のような妙なる調べは、どのようにして生み出されるのか。

「ピアノは使わない。旋律が浮かんできてもメモはとらない。一晩寝て忘れてしまうような曲は使いものにならないってことですよ」〉

ほんとうに「ピアノは使わない」「メモはとらない」のか真相は不明だけれど、この冗談ともとれる発言の裏には、「ミュージカル・ナンバーを作曲する秘訣だって？　そう簡単に教えてやれるものか」という本音が隠されているのかもしれない。

ロイド＝ウェバーにうまくはぐらかされてしまったのは聞き手の私の責任でもある。聞きたいことが「メモリー」誕生秘話なのか、「メモリー」ほか多くの名ナンバーを作曲した際の〝奥の手〟なのかあいまいだったからだ。

「メモリー」の原曲が、前回紹介したように、オペラ『ラ・ボエーム』に材を得た未完の作品のために書かれたものだということなど知る由もなかったから、その話題も持ち出せなかった。

当時、ロイド＝ウェバーについての一冊にまとまった本といえば「燃えあがるロック・オペラ―『ジーザス・クライスト・スーパースター』の創造」（リチャード・ブロデリック、エリス・ナッサワー共著、南川貞治訳、音楽之友社。原題「ROCK OPERA THE CREATION OF JESUS CHRIST SUPERSTAR」）くらいしかなかった。そのなかに『ジーザス～』『エビータ』などでコンビを組んだティム・ライスが大のロック好きで、ロック・グループを組んでいたこともあるというエピソードが書かれている。

インタビュー中、こともあろうに私はライスとロイド＝ウェバーをとり違え、「ロックに血道を上げた時期もあるんですよね」と口を滑らしてしまった。大失言だった。

その瞬間、彼が見せた強烈な否定ぶりが今も瞼に焼きついている。

その翌月、自身作曲の「レクイエム」のレコーディングを予定していたロイド＝ウェバーはこんなことも言っている。

「デューク・エリントンがいっているように、音楽にはいい音楽と駄目な音楽と二種類しかない。だからクラシックとかポップスとか区分けにこだわるのは無意味なんです」

ロイド＝ウェバーの言外には「メモリー」はジャンルを軽々と超えた「いい音楽」だという自負があふれていた。

ロイド＝ウェバーがエリオットと格闘した日々

なぜアンドリュー・ロイド＝ウェバーは、T・S・エリオット詩集「ポッサムおじさんの猫とつき合う法」からいくつかの詩篇を選び出し、曲を付けようと思い立ったのか。以前、私は、作曲家自身の次のような言葉を紹介している。

「ひとつには子どもの頃からこの詩集に愛着があったから。もうひとつには既存の詩に曲を付けたかったからだ」

そしてさらに私は「ふたつ目の理由がすこぶる興味深い」と書き添えている。ただどうして「すこぶる興味深い」のかには触れていない。今回はそのあたりをもう少し突っ込んで考えてみたい。

ロイド＝ウェバーは、１９６８年、高校生のための小品ミュージカル『ヨセフと不思議なテクニカラー・ドリームコート』を作曲し、ミュージカル作曲家としてデビューした。この作品は、５年間かけて手直しされ、73年にはウェストエンドでの公演が実現している。

第2作『ジーザス・クライスト＝スーパースター』（初演、71、於ブロードウェイ）、第3作『エビータ』（同、78、於ウェストエンド）の世界的ヒットについては今さら語るまでもない。

これら3作はいずれも作詞家ティム・ライスとの共同作品であった。ライスとの創作は、およそ次のようなプロセスでおこなわれたと想定される。すなわち⑴題材の選定に当たる。⑵大筋（プロット）、ミュージカル・ナンバー挿入箇所を定める（脚本家の参加なし）。⑶作曲家が作曲を始める。⑷出来上がった曲に作詞家が歌詞を当てはめていく。⑸ふたりで不足部分を調整する。

ロイド＝ウェバーの気持ちのなかで歌詞先行で曲を書いてみたいという思いが沸々とたぎり出したとしても、決して不思議ではない。

『ジーザス〜』の公演がふたりの地元ウェストエンドに先駆けてブロードウェイで始まると、ロイド＝ウェバーは頻繁に大西洋を行ったり来たりし始める。あるとき、ロンドン・ヒースロー空港の書店で久しぶりにエリオットの「ポッサムおじさんの猫とつき合う法」に出合った。幼いとき寝る前、ベッドのなかの彼に母がよく読んでくれたあの詩集である。早速、機中で読んだ。懐かしかった。それ以来、旅行のときは手持ち鞄のなか、家ではピアノの上に置かれることになる。

ロイド＝ウェバーは、77年後半から〝猫詩集〟の作曲をし始める。翌78年6月には『エビータ』ロンドン公演が開幕する予定だったから、この時期はその準備に忙殺されていたであろうに……。いかにティム・ライスとのルーティン・ワークから逃れたかったか、その願望の一端が垣間見られる。

のちに作曲家は〝猫詩集〟の詩群、それらに曲を付ける作業について次のように述べている。

「幸いどの詩も音楽的だ。〝ラム・タム・タガー〟〝オールドデュトロノミー〟それぞれの詩に独自のリズムがある。かなりの程度、詩によって付けるべき音楽が決められてしまうのだけれど、不規則で刺激的な韻律も出てくるので、作曲家にとってはとてもやり甲斐がある仕事だった」（「CATS：The Book of the Musical」）

いかにも音楽家らしい詩の読み解き方である。真摯に詩に向き合ってきた姿勢がひしひしと感じられる。

子どものための詩集とはいえ、T・S・エリオット「ポッサムおじさんの猫とつき合う法」はいわゆる純文学である。主題がわかりにくい。詩の裏側にいっぱい暗喩が隠されている。

英文学者の安東伸介氏は、ミュージカルの初めのほうで歌われる「ネーミング オブ キャッツ」のなかの「深い想いに沈みながら／ネコの心は思うその名を／いうに言えない唯一のその名を」(浅利慶太台本)の「その名」について、「恐らく『神』を示している」と読み解く。「ネーミング オブ キャッツ」と深く関係する「猫からのごあいさつ」の原詩に当たってみると、すべて大文字表記のNAMEという単語が出てくるが、このオール大文字というのがその根拠らしい(劇団四季『キャッツ』第1次東京公演プログラム「猫の〈メサイア〉」)。

ことほど左様に〝猫詩集〟の詩は奥が深く難解である。ロイド＝ウェバーはこれらの詩に潜む意外なほどの音楽性とともにこの難解な文学性からもさまざまな刺激を受けたことだろう。

猫の名前もすべてエリオットの造語で一筋縄ではいかない。一例を挙げる。ジェリクルキャッツのジェリクルとはなにか。エリオット未亡人のヴァレリーさんがロイド＝ウェバーに説明したところによると、もとになっているのは可愛い子猫ちゃんという意味のdear little catsとのこと。英国上流階級の人々がこの3つの単語をいささか気どって発音するとdearとlittleがくっついてjellicleに聞こえる。詩人はこの可愛らしい響きが気に入っていたのだと。

エリオットは紳士淑女たちのスノビズムに対する批判も込めてこの語を使う気を起こしたのではないか。だとしたら爵位を持ち、れっきとした上流階級の一員たる作曲家も、今やそのアイロニーの毒気を浴びる対象になる。エリオットも想定外のハプニングか。

1977〜78年当時、ロイド＝ウェバーにとって目の前の仕事は『エビータ』だったろう。〝猫詩集〟に曲を付ける仕事は刺激的であってもどう舞台化するかはいまだ暗中模索だった。78年6月21日、『エビータ』ウェストエンド公演、79年9月25日、ブロードウェイ公演がそれぞれ開幕した。前者はSWET賞（Society of West End Theatre Awards、オリヴィエ賞の前身）の、後者はトニー賞の最優秀ミュージカル賞に輝いた。

3作共作し、おのおのミュージカル作詞家、ミュージカル作曲家としての実力を認められ、名声、地位も得たティム・ライス、アンドリュー・ロイド＝ウェバーのふたりは、当然、次回作はなににしようか膝突き合わせて議論すべくテーブルに着く。作詞家ライスが参加する余地のないエリオット詩集は議題に上らなかったと思われる。それにもともとライスは〝猫詩集〟のミュージカル化には懐疑的だった。原作はひねくれた表現の目立つ詩集、しかも人間不在、ロマンス皆無。常識的には懐疑的のほうがまっとうだろう。

ティムは、のちにミュージカル『チェス』（作曲ABBAのベニー・アンダーソン、ビョルン・ウルヴァース）として上演される物語を提案する。米ソ選手によるチェス世界選手権にひとりの女性を巡る恋物語がからむ。ライスにはチェス選手権を通じ冷戦を描くという狙いもあったのでは……。

もともとゲームに興味のないロイド＝ウェバーはこの企画にはまったく興味を示さず、ビリー・ワイルダー監督不朽の名作『サンセット大通り』（のちにクリストファー・ハンプトン作詞・台本でミュージカル化が実現した）を逆提案する。しかし、ライスはあの完璧な脚本・演出の映画を誰がどう舞台化する？とにべもなかった。話し合いはもの別れに終わった（Stephen Citron「SONDHEIM & LLOYD-WEBBER : The New Musical」Oxford University Press）。

ティム・ライスと決裂してのちロイド＝ウェバーはひたすら『キャッツ』に向けて邁進する。その創作活動は「既存の詩に曲を付け」る歓びを噛みしめながらのものだったろう。

81年5月11日、ウェストエンドはニュー・ロンドン劇場で世界初演の幕が上がる。ほぼ2ヵ月後の7月25日マチネー、私は初めてその舞台を観た。あれからおよそ40年あまり、でもきのうのことのようでもある。

「メモリー」のもとねたは作曲家の記憶のなかに埋もれていた

１９８１年５月の世界初演に向け、着々と準備を進める『キャッツ』のプロデューサー及びクリエイティヴ・スタッフの主要メンバーは、以下の６人であった。そもそもの発案者で作曲とプロデュースに携わるアンドリュー・ロイド＝ウェバー、もうひとりのプロデューサー、キャメロン・マッキントッシュ、製作面でロイド＝ウェバーの右腕を務めるブライアン・ブローリー、演出のトレヴァ・ナン、共同演出・振付のジリアン・リン、そして美術のジョン・ネイピア。なかでもロイド＝ウェバー、マッキントッシュ、ナンの３人が中核で重要案件については協議し決断したと思われる。

80年も暮れ近くなると、連日、オーディションがおこなわれ、３人が顔をそろえる機会が俄然《がぜん》ふえた。ランチもしばしば一緒にとった。その日も彼等３人のランチが始まったが、トレヴァ・ナンから予想もしない強烈な爆弾が落とされた。

「この作品には情感の核となるようなものが欠けている」

というのである。

今、私はとりあえず「情感の核となるようなもの」と訳したが、重要参考資料としている「UNMASKED」では「emotional centre」と記されている。直訳すれば情感的あるいは情緒的中核か。作品から発せられ、観客の魂を揺さぶらずにおかないサムシングである。

演出家が熱望したのは、具体的にこの作品の主題を明らかに示してくれるような新曲で、グリザベラに歌わせたいという。歌詞のヒントはT・S・エリオットの詩藻のなかから見つけたいとのこと。

ロイド＝ウェバーはこの提案を自分に出された宿題であり、クリスマス休暇が終わる頃には答えを出さなくてはならないと受けとめた。しかし、「なんのプレッシャーも感じなかった」ようだ。

そもそも、あるミュージカルの情緒的中核を担う曲とはどんな曲を意味するのだろうか。観客が聴いた瞬間から主人公の心の動きに寄り添うことができるようになる、そのような曲に違いない。さらには作品が紡ぎ出す物語とも暗示する主題とも同化できるよう促してくれる曲のことでもある。

あるいは演出家ナンの頭のなかには、当時、ウェストエンド、ブロードウェイ両方で超ヒット中の『エビータ』の主題曲「共にいてアルゼンチーナ」があったかもしれない。

しかし、それにしてもなぜロイド＝ウェバーはナンの放った炸裂するメガ爆弾を前にしながらプレッシャーを感じなかったのか。少なくとものちに胸を張って「ノー・プレッシャー」と書き記すことができたのか。私は推測する。ナンのひとことを耳にした瞬間、父ウィリアムが「100万ドルの響きがする」と太鼓判を押してくれたあの未発表の曲が、記憶の片隅をよぎったからだ、と。

父に絶讃された曲は、『ラ・ボエーム』競作というオペラ裏面史の出来事に材を得た未発表作品のための一曲である。厳格な音楽美学的見地に立てば、そのような条件のもとに作られた曲を、エリオット詩集「ポッサムおじさんの猫とつき合う法」が原作のミュージカルのなかに滑り込ませるというのは、果たしてどうだろうか。一方、うまくはまればかまわないという融通無碍《ゆうずうむげ》の考え方もあるにはある。

ロイド＝ウェバーは父に褒められたせいだけではなく、自信作でもあったのだろう、この曲にかなり固執していたふしがある。一時期、『エビータ』のペロン大統領のナンバーとして活かす道はないか探していた。

私がいたく驚いたのは、映画『サンセット大通り』のミュージカル化という構想のなかにもこの曲が含まれていたことである（「SONDHEIM & LLOYD-WEBBER」）。

ミュージカル『サンセット大通り』は、93年、ロンドンでようやく陽の目を見るが、ロイド＝ウェバーは、それよりずっと以前、80年頃からその構想を温めていた。当時、創作上のよきパートナーとして四つに組んでいた作詞家のティム・ライスに目玉の曲として聴かせている。映画でも最大の見せ場になっている、ヒロインの大女優ノーマ・デズモンドが大邸宅の階段を静々と下りてくるあのラストシーンで、彼女に歌わせるつもりだった。

しかし、ライスは、この曲がどうのこうの以前に、ビリー・ワイルダー監督の超名作の舞台化自体に気乗りしなかったらしい。

『ラ・ボエーム』競作がねたのミュージカルは、19世紀末のイタリアが舞台になったはずである。劇中劇として登場したかもしれないオペラ『ラ・ボエーム』自体は、１８３０年代のパリを背景としているから、いずれにせよこの幻のロイド＝ウェバー・ミュージカルは、19世紀の伊、仏が背景になったに違いない。

『エビータ』は、一歌手からファースト・レディにまで上り詰めたアルゼンチン女性のサクセス・ストーリーで、時代背景は１９３０～50年代か。『サンセット大通り』は、トーキー初期の１９３０年頃のハリウッドに材を得た物語である。つまり、『ラ・ボエーム』ねたの作品を含め三者三様で、時代、場所、物語すべてが異なる。にもかかわらず、ロイド＝ウェバーは『エビータ』でも『サンセット大通り』でもこの隠し球の落ち着き場所はないか探し求めた。作曲家の執着ぶりはただごとではない。

いよいよロイド＝ウェバーがトレヴァ・ナンに聴かせる日がやってきた。稽古場のピアノのある部屋に作曲家は演出家を連れていくとややためらいがちに例の曲を弾いて聴かせた。演奏が終わるとナンのふたつのまなこは大きく見開かれ、ぐるぐる回っていた。ナンは稽古場にいる全員に対しこちらに集まるよう命じ、こう厳かに宣言した。

「これからアンドリューがある曲を弾きます。ここにいる皆さん全員にお願いしたい。この曲を初めて聴いたのはいつ、どこでだったか、すなわちきょうの日付、今の時間、この稽古場だったことをしっかり頭のなかに叩き込んでいただきたいのです」

一瞬にしてトレヴァ・ナンは、今、聴かされた曲はそのままグリザベラのビッグ・ナンバーになるばかりか、ミュージカル全体の情緒的中核を担い得ると判断したのだろう。それどころか、ひとつの新作ミュージカルの枠を超え世界的超ヒット曲に化ける可能性も嗅ぎとったに違いない。

呼び込まれたスタッフ、キャストに囲まれ、ロイド＝ウェバーは一度ならず繰り返し弾いた。

「弾き終えたときは、プッチーニとレオンカヴァッロを主人公にミニ・オペラを作るという、長年、頭の片隅にあったあの構想は消えてなくなり、ひとつの思い出（a memory）となった」（「UNMASKED」）

これってひとつの思い出《メモリー》が消え、新曲「メモリー」が誕生したっていう洒落《しゃれ》かな（ここで言うミニ・オペラとは、先に触れた『ラ・ボエーム』の競作裏話がねたの未完成作品のことである。念のため）。

これでジグソーパズルの最後のピースが見つかった……。いや手に入れたのは裸の旋律だけだ。大急ぎで歌詞を付けるという大事な仕事が残っている。誰が書くのか。プロットのどのあたりにはめ込んだらいいのか。くぐり抜けなくてはならない難関はあといくつあるのか。

ドン・ブラック、ティム・ライス、次々起用された大物作詞家たち

アンドリュー・ロイド＝ウェバーがT・S・エリオット詩集「ポッサムおじさんの猫とつき合う法」を題材にミュージカル『キャッツ』を作ろうとしたその意欲の根底には、歌詞先行で歌を作ってみたいという強い欲求が働いていたのではないか？　これが前々章で私がいささか独断と偏見をまじえ試みた見立てであった。

『ヨセフと不思議なテクニカラー・ドリームコート』『ジーザス・クライスト＝スーパースター』『エビータ』と、同じ作詞家ティム・ライスとミュージカルの創作に係わってきた彼は、どの作品でも曲先行でミュージカル・ナンバーを書いてきた。人物設定、場面設定はかなりきっちりおこなわれたとしても、ライスの歌詞が先行することはまったくなかった。ロイド＝ウェバーは、歌詞に啓発されながらミュージカル・ナンバーを作曲する歓びをたっぷり味わってみたかったに違いない。

詞先行か曲先行か、これはどちらがいいかという問題ではない。作詞家、作曲家それぞれ

の考え方、また、そのときどきの状況次第で当事者たちのスタンス、考え方も違ってくるのではなかろうか。

『キャッツ』創作の過程においてロイド＝ウェバーにとって運命的皮肉だったと思われるのは、詞先行での作曲を楽しんでいたところ、突然、曲先行の悩み、苦しみと相対さなくてはならなくなったことである。この事態は、このミュージカルのもっとも大きな目玉となる、ヒロイン、グリザベラのナンバーが、彼の机の引き出しにしまわれていた歌詞の付いていないストックだったことから生じた。

ロイド＝ウェバーはただの作曲家としてこのプロジェクトに名を連ねているわけではない。そもそもの発案者でありメイン・プロデューサーでもある。すなわち、この作品を成功に導くも導かないもすべては彼の両肩に掛かっているのだ。

そこに居並ぶ詩篇は20世紀の代表的詩人T・S・エリオットの苦心の作である。機知と諧《かい》謔《ぎゃく》に満ち暗喩も潜んでいる。子ども向けの詩だと軽く見てはいけない。人生、死、宗教にまつわる鋭く深い洞察も見え隠れする。

いつかどこかで陽の目を見せてやりたいと思っていたストック曲は、幸い演出のトレヴァー・ナンの魂を揺さぶることができた。歌詞は、曲と拮抗するだけにとどまらず、曲の存在をより輝かしく見せるものでなくてはならないだろう。

実はトレヴァ・ナンには演出家として腹案があった。若い頃、エリオットが書いた詩「風の夜の狂想曲」を基調とすること、そのなかの言葉や言い回しをうまくとり込むことである。

いちばん最初ドン・ブラックに作詞の白羽の矢が立った。ブラックにはナンのエリオット宗教論講義?を受けてもらった。ナンが猫の再生の儀式について長々と一席ぶつのを、ブラックは嫌がりもせず耳を傾けていたという。

早速、memory, old days などの語彙《ごい》がちりばめられた歌詞が届いたが、ナンもロイド＝ウェバーも気に入らなかった。ただちに改作が送られてきた。Good times, journey などの文字が見られた。ロイド＝ウェバーは「ふたつともグラミー賞ベスト・ソングが易々と手に入るような出来映えではなかった」と回想している（「UNMASKED」）。

ドン・ブラックは映画主題歌を書かせたら彼の右に出る者がいないほどの作詞家である。『野生のエルザ』の主題歌（作曲ジョン・バリー）ではグラミー賞にノミネートされ、アカデミー賞オリジナル・ベスト・ソング賞に輝いている。超ヒット曲となった『007 ダイヤモンドは永遠に』の主題歌（これも作曲ジョン・バリー）も書いている。

というようなキャリアからも明らかなように、T・S・エリオットとはあまりにも接点がなさすぎた。ロイド＝ウェバーにどんな思惑――ドン・ブラックと組めば大きな賞も棚からぼた餅?――があったか知る由もないが、幾分ミス・オーダーではなかったか。

ドン・ブラックはエリオットとは接点がなかったけれど、ロイド＝ウェバーとはあったし相性もよかったらしい。１９７９年夏、シドモントン・フェスティヴァルで、ふたりは手を携え、ミニ・ミュージカル『テル・ミー・オン・ア・サンデー』を試演しているのだ。

舞台に登場するのはアメリカにやってきたイギリス娘ただひとり。マンハッタン、ハリウッドでさまざまな男たちと出会いながら、いかに生きるべきかを模索する姿がヴィヴィッドに描き出される。幸いにもすこぶる好評だった。

翌年、ＢＢＣテレビでオンエアされ、より幅広い支持を得ると、ロイド＝ウェバーは本格的上演に向けて動き始める。その結果、誕生したのがこのミニ・ミュージカルを第１幕に据えた『ソング・アンド・ダンス』（ロンドン初演、82）である。上演に当たっては大幅に加筆された。ただしワンウーマン・ショウという型式は変えられていない。なお第2幕は歌なし、ロイド＝ウェバーの器楽曲「ヴァリエーションズ」に振り付けられたダンス作品であった。

作詞家ドン・ブラックの才能は『キャッツ』では不発に終わった。しかし、あたかもその穴埋めであるかのように『ソング・アンド・ダンス』がそこそこのヒットを記録した。その後、彼の名前が実にいくつかのロイド＝ウェバー・ミュージカルにクレジットされることになる。『アスペクツ オブ ラブ』（89）、『サンセット大通り』（93）など。

久しぶりにサラ・ブライトマンの歌で『アスペクツ～』の「エニシング・バット・ロンリー」を聴いてみた。人生の峠を越えたヒロインの孤独感が淡々たる言葉の連なりのなかから浮かび上がってくる。

ところでドン・ブラックでつまずいたグリザベラのビッグ・ナンバーである。次は誰に依頼するか。こういう切羽詰まった状況に陥ると、ロイド＝ウェバーが頼る相手はひとりしかいない。長年のコンビ、気心の知れているティム・ライスだ。私が見立てたように、曲先行のナンバー作りにいささかうんざりしてライスとの間に距離を置いたのだとしたら、身勝手もはなはだしいと非難したくなる。

ティム・ライス自身、もともと〝猫詩集〟のミュージカル化には気乗り薄だったものの、頼まれれば悪い気はしなかったのか、たちまち歌詞を書き上げてくれた。エリオットの詩「風の夜の狂想曲」を下敷きにするという条件も完璧に満たされていた。プレヴュー公演でなんどか使われたくらいだから、出来は決して悪くなかったはずだ。しかし、結果的にトレヴァ・ナンはＯＫを出さなかった。改めて演出家の権限の強大さに驚かずにいられない。

ティム・ライスの幻の歌詞はPLAYBILLウェブ版にアップされているのでた易く読むことができる（「"LOST" Tim Rice Lyric for Memory」）。ドン・ブラックのものは「UNMASKED」に一部引用されている。

興味のある向きはぜひとも「メモリー」のトレヴァ・ナン以外の歌詞にも当たっていただきたい。果たしてどれが「メモリー」の歌詞としてベストでしょうか。

最初の「メモリー」シングル盤は歌なしのインストゥルメンタルだった

１９８１年４月中旬、『キャッツ』のふたりのプロデューサー、アンドリュー・ロイド＝ウェバー、キャメロン・マッキントッシュの目前には音楽面、美術面から資金面まで未解決の難題山積であった。ニュー・ロンドン劇場でのワールドプレミア初日はすでに４月30日（のちに５月11日に延期）と決まっているというのに……。

プロデューサーふたりにとっていちばん頭の痛いのは、グリザベラの、いやこのミュージカル全体の目玉となるべきナンバーの歌詞が依然として空白のままということだったろう。トレヴァ・ナンが自分で書くと引きとったものの、いつまで経っても出来上がってこなかった。

ロイド＝ウェバーはティム・ライスに電話し窮地から救ってくれるよう頼み込んだ。この部分の歌詞についてナンが記したメモ、たぶん、T・S・エリオットの詩「風の夜の狂想曲」にもとづくのがいいと書かれたものがあったので、それも届けることにした。

ライスは中一日置いただけで書き上げてくれた。ロイド＝ウェバーもマッキントッシュもこれならいけると納得する仕上がりだったようだ。ただトレヴァ・ナンのＯＫをとるのがまだだったので、その歌詞を譜面に書き入れるのは差し控えたという。ティムのほうからひとつ質問があった。「ジグソーパズルの最後のピースのようなその曲って、この頃、よくラジオで流れているあの魅力的な曲のことだろうか」と。

ジグソーパズル云々……はロイド＝ウェバーの電話での説明を受けてのものだろうが、この曲が演出家トレヴァ・ナンの要請で登場することになったいきさつ、その立ち位置及び重要性からして、言い得て妙である。

実はロイド＝ウェバーは公演準備のかたわら、ＭＣＡレコードにこの曲をシングル盤で出すよう働きかけ、その売り込みに成功していた。といっても歌詞がないからヴォーカルものとしてリリースするのは不可能である。苦肉の策としてインストゥルメンタルでレコーディングした。そして出来上がるとＢＢＣなどラジオ局にかけてもらっていたのだ。

舞台に先行してレコード吹き込みをすませ、ラジオを通じ曲を多くの人々の耳に忍び込ませておくというのは、もともとロイド＝ウェバーにとってパブリシティの常套《じょうとう》手段であった。『ジーザス・クライスト＝スーパースター』でも『エビータ』でもこの手法を用いて舞台を成功に導いてきた。レコード、ラジオがメディアとしてきわめて強力な時代だったからこそ効果が期待できた手法だと思われる。今の時代ならいかにユーチューブを活用するか頭を使うというのに似ている。

このパブリシティ策での利点は、作戦の成否がレコード売上枚数に直截《ちょくせつ》に反映する点である。ラジオで曲を聴いていいなと思った人の何割かはレコードを買うだろうから。さらには公演の切符を、なかにはレコードと切符と両方買う人だっているに違いない。

ちなみに『ジーザス〜』ではシングル盤「スーパースター」(歌マレー・ヘッド、69)が、あっという間に世界中で計50万枚売れたし、『エビータ』の「共にいてアルゼンチーナ」(歌ジュリー・コヴィントン、76)は英国ヒット・チャート第1位にまで上り詰めている(Joseph Murrells「MILLION SELLING RECORDS FROM THE 1900S TO THE 1980S : AN ILLUSTRATED DIRECTORY」B. T. Batsford Ltd)。

恥ずかしながら私は、『キャッツ』初演に先行するこのシングル盤の存在をまったく知らなかった。2018年に出版された「UNMASKED」で初めて知った。A面「Memory」、B面「The Lost Variation」。歌詞なしで『キャッツ』にとり込まれ、のちに世界的超ヒット曲となるこの曲が、『キャッツ』製作進行上のどの時点で正式に「メモリー」と呼ばれるようになったのか不明だけれど、録音物としては1981年4月6日リリースのこの盤をもって嚆矢《こうし》とする。演奏は、リード・ギターにブルース・ロックの名手ゲイリー・ムーアをフィーチュアしたグループだった。

ロイド＝ウェバーとゲイリー・ムーアとのコラボはこのときが初めてではない。ムーアはロイド＝ウェバーが弟のチェロ奏者ジュリアンのために作曲した組曲「ヴァリエーションズ」の録音に参加している。ロイド＝ウェバーの要請があったからだ。作曲家はクラシック系音楽のレコーディングにもかかわらず、あえてロック系ギターの名手の参加を望んだようだ。音楽ジャンルを超えた新機軸を打ち出したかったのか。ロイド＝ウェバーらしい挑戦的精神の一端が見え隠れしている。「メモリー」の録音ではその人脈がもう一度復活したのだろう。

ロック音楽に詳しい音楽ライター山崎智之さんによると、ゲイリー・ムーアはマドンナ主演の映画『エビータ』(96)サウンドトラック録音にも参加しているとのこと。また「メモリー」45回転盤は今やムーア・ファン垂涎《すいぜん》のレアものだという（Yahoo! JAPAN ニュース2019年4月4日）。

ただ山崎さんは、ロイド＝ウェバーがムーアを紹介するにあたりヘヴィ・メタルのアーティストに分類することには疑問を投げかけている。たとえロイド＝ウェバーが自伝のなかで「いちばん最初に『メモリー』という曲に生命を吹き込んでくれたのは、ヘヴィ・メタルの巨人の手になる抒情たっぷりのギター演奏だった」と褒めそやしていても、である。山崎さんの真意は、察するに、ムーアは一時的な人気のヘヴィ・メタルに憂き身をやつすミュージシャンではない、ブルースにしっかりルーツを持つ正統派のロック・アーティストなのだから、というあたりにあるのでは……。

話をティム・ライスに戻す。「メモリー」の旋律ならラジオから流れるゲイリー・ムーアのギターで耳にする以前に、ライスは聴いていたはずである。『エビータ』の次回作はどのような題材でいくか、ロイド＝ウェバーと膝突き合わせて相談した際、候補作品のひとつ『サンセット大通り』のハイライトに使う曲として、作曲者自らのピアノ演奏で聴かせてもらっているのを忘れてしまったのか。ミュージカルそのものの題材、演奏スタイル、聴いたときの状況などすべてがあまり違いすぎてぴんとこなかったのかもしれない。

一方、ゲイリー・ムーアのギター・ソロを含む45回転盤のレコーディング、演奏がすばらしいものだったということも、じゅうぶんに想像できる。ティム・ライスのようなミュージカル、音楽のプロ中のプロの耳をしっかり捉えたのだから。

しかし残念ながらヒット・チャートに登場するほどの話題作にはならなかった。したがって『キャッツ』開幕に当たりパブリシティの尖兵的役割を果たし得たとは思えない。ミュージカルのなかの1曲なのに、歌詞がなくインストゥルメンタルというのは致命的だったのではないか。ゲイリー・ムーアの名前が明確にクレジットされていなくてコアのロック・ファンに届かなかったというのも、もったいなかった。

実は私はこの歴史的シングル盤を聴いたことがなかった。しかし、その後、ネット・オークションで見つけ、今や私の愛聴盤の一枚となっている。

開幕直前、突然襲ったグリザベラ交代劇

作詞家ティム・ライスが「メモリー」の旋律を印象深く覚えていたのは、『キャッツ』ロンドン初演直前、ラジオから流れるインストゥルメンタル版を聴いていたからだった……。実はもうひとり、ライス同様、ＢＢＣラジオでかかった同じ演奏の同じ曲にどうしようもないほどはまってしまった人がいた。

女優・歌手のエレーヌ・ペイジである。

と私が言ったなら、

「あれっ、ペイジは『キャッツ』のオリジナル・キャストのグリザベラじゃないの。なのにラジオで聴くまであの曲を知らなかったたって、どうして？」

「ロイド＝ウェバーがスタッフ・キャスト全員の前で披露したとき、彼女はいなかったの？」

といぶかる向きも多いだろうが、ちょっと待っていただきたい。徐々に事情を解き明かしていきますから。

エレーヌ・ペイジは１９４８年生まれ、68年、20歳のとき『ヘア』のコーラスの一員として初めてウェストエンドの舞台に立つ。78年、『エビータ』で初めて主役を演じる。私がペイジ主演の『エビータ』を観たのは、開幕から約半年後の78年11月のことだったが、今なお、悲劇のヒロイン、エビータそのものと化したペイジが鮮明に記憶のなかに生きている。小柄だけれど、確たる存在感にあふれていた。「共にいてアルゼンチーナ」は絶唱以上のサムシングを感じさせてくれた。

エレーヌ・ペイジは、78年6月21日の初日から20ヵ月たっぷりその大役を相務め降板した。心身ともに疲れたからだ。休養に入り6ヵ月ほど経った頃、演出したハロルド・プリンスにこう言われた。

「エビータのような役に巡り合えたことは女優人生でとても幸運なことだ。しかし、それをひとつで終わらせずふたつにしなくては……」

以来、「一発屋で終わったらどうしよう」とかなり思い悩む日々が続いたという。

それは81年4月中旬のある夜、ペイジが車を運転しながら帰宅する途中でのことだった。カーラジオから近く開幕する『キャッツ』の主題曲がほんの一部だけ流れてきた。曲のごくさわりの部分でしかなかったが、彼女は魂を鷲づかみにされた。

ＤＪの、「全篇は午前零時のニュースのあとにお送りします」というアナウンスを聞くや車を飛ばして家に帰った。すぐさま録音の準備をする。改めて胸が高鳴るすばらしいバラードだと思った。いかにもアンドリュー・ロイド＝ウェバーらしくクライマックスにはオペラ的高揚感がたっぷり盛り込まれているのも気に入った。

もちろん、その夜はその曲を繰り返し聴きながら眠りに就いた。

「そうだわ、あす起きたらいちばんに、アンドリューに歌入りのヴァージョンを私にレコーディングさせてって電話しよう」

もちろんペイジは、本番の『キャッツ』の舞台ではジュディ・デンチが演出家トレヴァ・ナンの推挙でグリザベラを演じ、この歌を歌うことぐらい百も承知だったろう。でもカヴァー曲のひとつとしてぜひ歌い、アルバムに収めたいという強い思いに駆られたのではないか。

一方、そのジュディ・デンチである。グリザベラ、ザ・オールド・ガンビー・キャットの二役をあたえられ、日々稽古に励んでいたところ、後者のほうのダンスのおさらいをしている最中にアキレス腱を傷めてしまう。しかし、動きの少ないグリザベラはなんとかこなせるだろうというロイド＝ウェバーら首脳陣の判断から、こちらの役のほうにはそのままとどまっていた。その彼女にふたたびとんでもない異変が生じようとは！

本公演となにひとつ変わらないプレヴュー公演が始まる81年4月22日より1週間前、『キャッツ』の本拠地となるニュー・ロンドン劇場を訪れ、客席から舞台に上がろうとし足を滑らせ大怪我を負ってしまうのだ。劇場にはロイド＝ウェバー、マッキントッシュ、ナンはじめ主だったメンバーが顔をそろえていた。彼等を前にしての出来事だった。

その日、劇場を訪れる前、デンチはBBCラジオにロイド＝ウェバー、ナンらと出演し、『キャッツ』出演の抱負を語っている。

「怪我はもう大丈夫。大丈夫じゃなくてもグリザベラはやります。松葉杖を突いてたってね」と大張り切りだったそうだ。しかし今や、松葉杖があっても出演不能の状態に陥ってしまった。その場でナンは配役からはずしたという。

そもそも、なぜミュージカル専門ではないジュディ・デンチが『キャッツ』に出演し、しかも、女性の役柄のうち、もっとも目立つグリザベラに扮することになったのか。ロイヤル・シェイクスピア・カンパニーの主軸として堅実な演技を誇る女優とはいえ、ダンス、歌が得手とは思えない。

マッキントッシュがナンを演出に引っ張り出そうと交渉に当たった際、ナンは、振付にジリアン・リン、美術にジョン・ネイピアを起用するのと同様、デンチの参加をひとつの条件として提示したといわれる。デンチ自身、ナンの革新的な仕事に係わりたいと強く要望したふしもある。

T・S・エリオットの詩集を原作に、人間はひとりも登場しない猫だけのミュージカル、それを実験劇として試演するのではなく、堂々と商業劇場の公演として打って出る——そのような一か八かの仕事を引き受けるに当たって演出家ナンにはふたつの選択肢があったと思う。パフォーミング・アーツの新天地を拓くべく芸術性を尊ぶか、興行上の安全を担保すべく商業劇場的要素をとり入れるか？

たとえば後者を選択した場合、ウェストエンドの人気女優をとり込むという手だってあった。それを拒否し、シェイクスピア劇での同志を選んだ。つまり商業演劇との妥協を拒んだ。そこにナンの矜持と強い意志が見てとれる。にもかかわらず、ナンは自らのその切り札が自滅?するのを目の当たりにしてしまう……。

幸いデンチの抜けた穴はエレーヌ・ペイジが埋めてくれることになる。ここで再確認しておきたいのは、ペイジがラジオで偶然にも歌なしの「メモリー」を聴いていたというその紛れもない事実である。聴いているといないでは交代劇の進行具合に大きな違いが生じたことだろう。

エレーヌ・ペイジの鋭い耳がキャッチした「メモリー」は、81年4月、MCAからリリースされた45回転シングル盤である。『キャッツ』公演に先立ち発売された。ようやく今頃になって、私もネット・オークションで見つけ入手したが、そのサウンドの豪華絢爛さに強く惹きつけられた。

ノン・ヴォーカルのこのヴァージョンの最大の売りはブルース・ギターの名手ゲイリー・ムーアのソロである。俗に堕することなく気品さえ感じさせるその演奏には惚れ惚れとなる。ただし、不思議なことにラベルにもどこにも彼の名前はクレジットされていない。そのかわりロイド＝ウェバーの名前は複数箇所記されている。

エレーヌ・ペイジと「メモリー」、その運命的な出合い

今回はたわいないエピソードから始めたい。

エレーヌ・ペイジが「メモリー」をラジオから録音しようとあわてて自宅の玄関に駆け込んだとき、どこからか1匹の見すぼらしい子猫が現れ、膝のあたりにじゃれついてきた。瞬間、子どもの頃母親がよく、

「黒猫がお前の行く手をさえぎったら、それは幸運の訪れる前ぶれだよ」

と言っていたのを思い出した。

彼女はそのまま黒い子猫様のお通りを邪魔せず見送ることにした。無事、携帯テープレコーダーに曲を録音し終え、ふと気がつくと室内にさっきの子猫がいるではないか。帰宅したとき、玄関の扉をきちんと閉めるのを忘れたので、家に入り込み居候を決め込んでしまったらしい。不憫《ふびん》に思ってミルクをあたえた。

ペイジがテープレコーダーをベッドに持ち込み繰り返し曲を聴き始めると、猫も毛布のな

かに潜り込んできた。ペイジはなすがままにさせておいたという。以上、エレーヌ・ペイジの自伝「Memories：Celebrating 40 Years in the Theatre」（Oberon Books Ltd）から。

どうでもいいような思い出話かもしれないが、なにせミュージカル『キャッツ』を巡る挿話である。猫繋《つな》がりということでは興味深い。ペイジ自身、そう思ったからこそ自伝に書き残したのだろう。

一方、ニュー・ロンドン劇場でのプレヴュー開始が目前に迫った『キャッツ』本体のほうでは予想だにしなかった大事故が勃発していた。グリザベラ役ジュディ・デンチの二度目の足の骨折である。そもそも『キャッツ』は物語性が薄い作品だから、グリザベラをヒロインと呼ぶのは適切ではないかもしれない。とはいえ、この役柄が作品の大切な骨格の役割を背負っていることは間違いない。その役柄を演じる予定の女優がいなくなったのだから、ふたりのプロデューサー、アンドリュー・ロイド＝ウェバー、キャメロン・マッキントッシュの受けた衝撃、その動揺はいかばかりであったことか。

この時点でグリザベラの歌う、このミュージカルの最大のナンバー「メモリー」の歌詞は、まだ出来上がっていなかった。しかし、デンチの怪我は歌詞問題などどこかへ吹き飛ばしてしまうような大事件だったに違いない。

ロイド＝ウェバーは自伝「UNMASKED」のなかで、

「その夜、キャメロンと私は寝るしかなすすべがなかった」

「私は記憶している、キャメロンと一緒に帰宅する私の顔色が土色だったことを」

と書いている。そして次のようにも。

「車がちょうどハイド・パーク・コーナーを曲がろうとしたところだった。キャメロンが私の手に触れ、こう言った。アンドリュー、なにもかもひとりでしょい込まなくたっていいんだよ、と。私はこのひとことにどれだけ心打たれたことか」

男同士の強い絆がより強さを増した一瞬だったろう。

ジュディ・デンチの穴を埋めるのはエレーヌ・ペイジしかいないと、最初にこのキャスティング案を思いついたのは、ロイド＝ウェバーだったかマッキントッシュだったか。ロイド＝ウェバーが回想するところでは、どちらが先というのではなく、お互いにごく自然に同じ思いを抱いたらしい。アンドリューのどこか頭の片隅には、彼女が『エビータ』を降り、目下休養中という新聞か雑誌の記事を読んだ記憶が残っていた。

翌朝、マッキントッシュがペイジに電話することが、ふたりの間でたちどころに決まった。エレーヌ・ペイジのほうの自伝によると、マッキントッシュは突然の出演依頼を深く詫びた上で、グリザベラについて『エビータ』のエビータ役とは異なり一種の「カメオ出演」だとし、ひとしきり弁明があったようだ（ちなみにカメオ出演という用語は、主役ではないが作品を象徴する重要な役柄を意味し、欧米の映画・演劇界ではよく使われている）。

ペイジは次のように書いている。

「〝でも歌はあるんでしょ〟と私は尋ねた。

〝もちろんあります〟

〝もしかして『メモリー』って題名かしら？〟

〝はい、そうです。彼女の唯一の持ち歌です〟

キャメロンはこれ以上私を説得する必要などまったくなくなった」

もしラジオから流れる「メモリー」がペイジの心を鷲づかみにすることがなかったら、話はこうとんとん拍子には進むはずもなかったろう。

ロイド＝ウェバーも自伝で書いている。

「エレーヌの『メモリー』は、彼女がラジオでゲイリー・ムーアがギター演奏するシングル盤を聴いていたこと、この曲は彼女が歌うべく運命づけられていると信じて疑わなかったこと、これらがなければ実現しなかったろう」

おかしいのは、

「キャメロンがエレーヌの電話を鳴らしたとき、１匹の猫が彼女の部屋の窓に向かってジャンプした」

と書いていることである。マッキントッシュは電話越しに猫の鳴き声を聞いたのだろうか。この猫が前夜からペイジ邸の居候となった黒猫であること、間違いない。ちなみにこの猫は、その後一生、ペイジ邸に棲《す》みつくことになる。初めこの黒猫は、『エビータ』の演出家ハロルド・プリンスにちなんでプリンスと呼ばれていたが、『キャッツ』大ヒット後はグリザベラと改名されたという（この猫、雄？　雌？）。

カーラジオでの偶然の出合い、ジュディ・デンチの思いがけない事故、待ったなしの代役依頼などエレーヌ・ペイジと「メモリー」を巡る一連の出来事は、運命的と呼ぶ以外に呼びようがないものである。彼女に代役依頼があったときには、『キャッツ』がヒット作品となるかどうかまったく五里霧中だったが、結果はご存知のとおり超ヒット作となった。したがってペイジ自身も初代グリザベラの栄冠を手にすることになる。黒猫は幸運の前ぶれという彼女の母親の予言は100パーセント正しかった。

一方、公演に先立ち目玉のミュージカル・ナンバーをレコーディングし、ラジオ番組でじゃんじゃん流してもらうという『ジーザス・クライスト＝スーパースター』『エビータ』で成功したロイド＝ウェバー得意のPR作戦は、今回は不発に終わった。以前、私が指摘したようにヴォーカルなしのインストゥルメンタルだったことが妨げになったと思われる。幅広いリスナーに届かず、レコード・ヒットにも結び付かなかったという点では確かに失敗ではあったものの、ティム・ライス、エレーヌ・ペイジ、ふたりのプロ中のプロの耳をしっかり捉えることができたのだとすれば、このラジオ作戦があながち失敗とは言い切れないだろう。

ロイド＝ウェバー自身が自画自讃しているように、この点ではこのシングル盤の功績は〝金賞もの〟であること、間違いなしかもしれない。

幻に終わった
ティム・ライス作詞の「メモリー」

もしエレーヌ・ペイジが、アキレス腱切断という突発事故によるジュディ・デンチの降板を埋めることがなかったら、『キャッツ』のワールドプレミアは、開幕できなかったかもしれない。少なくとも大幅にずれ込んだろう。『エビータ』に主演し、疲れ果てたペイジが休暇をとっていたのは、『キャッツ』にとってこれ以上ない幸運であった。歌唱力、人気(『エビータ』で一気に高まった)ともに彼女の右に出る適任者など見つかるはずがなかった。

しかし一方、引き受けたエレーヌ・ペイジにとっては大変な重荷を背負うことになったのではないか。たった9ヵ月、グリザベラを演じただけで、この注目の大役を降りてしまったことがそのなによりの証しと思われる。

ペイジが『キャッツ』の一員に加わったのはニュー・ロンドン劇場でのプレヴューがまさに始まろうとしていたときだった。続く本公演初日も目前に迫っていた。当然、彼女を除くほかの俳優たち、ダンサーたちは何ヵ月にもわたってみっちり稽古を積み重ねてきている。

そのなかにたったひとり飛び込むというのは、よほど勇敢でなくてはなし得ることではない。しかも、いざ飛び込んでみたら、肝心の「メモリー」の歌詞は決定版が仕上がっていなかった……。彼女が最初に渡されたのはティム・ライスの歌詞で、それをしっかり咀嚼《そしゃく》して稽古に臨んだ。いったい、いつペイジは、ライスが「メモリー」の作詞に携わっていることを知ったのか、いささか気になる。なぜならふたりは恋人同士だったからだ。

おそらくペイジは、ライスから曲についても作詞の依頼についてもなにも聞いていなかったに違いない。もし予備知識があったら、偶然ラジオで耳にした際、あれほど衝撃的な反応は示さなかったろう。

とすれば、『キャッツ』のカンパニーに誘われて初めて知ったことになる。ぜひ、歌いたいと望んだ歌があまりにも早く歌えるようになった上、歌詞は恋人が付けていたと知ったときの彼女の驚きはいかばかりであったか。ともに手を携え『エビータ』を世に送り出したライスとふたたび仕事ができる……、ペイジは図らずも訪れた幸運に大きな歓びを覚えたことだろう。

しかし、演出家トレヴァ・ナンはティム・ライスの歌詞に全面的に満足しているわけではなかった。ナンがこの作品に込めようとしていたメッセージとライスの歌詞との間に微妙な隙間があると感じていたからだ。ナンは終わり方が「暗い」と断じてはばからなかった。

ライスの歌詞は次のように締めくくられる。

「わたしは去る／過去にまとった暗い影を残し／思い出は遂に／眠りに就くのかも」（拙訳）

アンドリュー・ロイド＝ウェバーは自伝「UNMASKED」でこの問題についてこう述べている。

「トレヴァの見解では、ティムの歌詞の終わり方は再生への確信ではなく、漠然とではあるものの自殺を暗示していなくもない」

トレヴァ・ナンは、ジェリクルキャッツの舞踏会、天に召される1匹の猫の選出、選ばれた猫の天国への旅立ちなど一連の儀式を、単なる昇天ではなく永遠の生命を得るための一種の祝祭的行事と捉えていた。そういう設定、解釈がまた原作者T・S・エリオットの意向に沿うものだとも……。

そしてさらにそのようなプロットの展開が観客に大きな感動をもたらすことも計算済みだったろう。

なるほどライスの作品は『ジーザス・クライスト＝スーパースター』でも『エビータ』でも主人公が終幕で死に至る。よもやナンはこのふたつの作品からの連想でライスの歌詞に死の翳《かげ》を感じとったわけではあるまいが、ついそう勘ぐりたくなってしまう。もちろん『ジーザス～』『エビータ』ともにペシミズムを主調とする作品ではないこと、断るまでもない。

ライスの歌詞で稽古がおこなわれたその翌日、ペイジは「きょうの稽古はこれでいく」と新しい歌詞を手渡された。ライス、エリオット、ナンの歌詞にもとづくハイブリッド版で、ナンの手になる。急にそんなことを言われても新しい歌詞を覚える気にならないと、当然ながらペイジは激しく抵抗した。また、稽古はひと頓挫である。

開幕まで難題山積の作品ほど、いざ開幕するとヒット作になる可能性が高い、という通説がある。俗説かもしれない。しかし、難題を一つひとつ解決することでより完成度が高まり、優れた作品が生まれ、それがロングランに繋《つな》がるということは、じゅうぶんにあり得ることだ。『キャッツ』はそのひとつの例証ということができる。

いろいろ回り道したようだが、「メモリー」の公式歌詞はトレヴァ・ナンがひとりで書いたものに落ち着いた。エレーヌ・ペイジはプレヴュー初日にはティムの歌詞で歌ったものの、本公演初日はナンの歌詞だった。

ナンの歌詞に決まったいきさつについて私は次のように推測していた。ナンが演出家の権力をフルに行使し、もともと彼を『キャッツ』に連れてきたキャメロン・マッキントッシュがその後押しをしたのではないか、と。今もって当たらずとも遠からずだと思っている。

この歌詞問題でいちばん頭にきたのはライスである。キャリアのあるプロフェッショナルなのに、オーディションを受けてもらうといわんばかりの扱いだったからだ。自分の歌詞は引き上げる、彼の歌詞にある字句は今後一切「メモリー」での使用を禁じると宣言した。

しかし、ライスの引き上げ宣言はナンにとってはもっけの幸いだったかもしれない。堂々と自分の歌詞でことを推し進められるようになったわけだから。

ミュージカルの作詞の問題は創作上の観点からだけで論じるのは、なかなか難しい面がある。ミュージカルのヒットに伴って主題曲のさまざまなカヴァー曲が生まれ、思いがけず作詞家の懐を潤すことがあるからだ。『キャッツ』以前のロイド＝ウェバー・ミュージカルからメガヒットが生まれているだけに、「メモリー」にもその可能性がじゅうぶんに潜んでいた。作詞を手掛けた人たちが予想される膨大な著作権使用料を意識しないはずがない。

現にバーブラ・ストライサンドからジェニファー・ハドソンに至るカヴァー版は数百種類あるとされる。『キャッツ』に関する限り、トレヴァ・ナンは演出家としての収入を遥かに超える金額を手にしているかもしれない。

「メモリー」問題でもっとも心労著しかったのは、このビッグ・ナンバーを歌うエレーヌ・ペイジではなかったろうか。違う歌詞を渡されるたびにわがものとしなくてはならなかった労苦は察するにあまりある。特に当事者のひとりが恋人ティム・ライスだったから心痛めることもしばしばだったろう。

グリザベラは終幕でこそ一身に注目を浴びる役だが、出番は多くない。待機時間が長く楽屋が独房のように思えたこともあった。

ペイジは自伝で明言している。

「ブロードウェイ版のオファーがあっても断ったでしょう。私には愛する老いた猫と『メモリー』があればじゅうぶんでした」

「メモリー」のもとねた、エリオットの「風の夜の狂想曲」とは？

「メモリー」の歌詞が、演出家トレヴァ・ナン自らペンをとったものに落ち着くに至ったその経緯について、これまで、かなり詳しくたどってきたつもりだ。そのプロセスは紆余曲折そのものであった。

さらにはナンがその歌詞をT・S・エリオットの詩「風の夜の狂想曲」を下敷きにしたものにしたいと考えていたことにも、軽くだが触れておいた。実際、ナンは作詞に当たってその考えを実行している。

念のため、ミュージカル『キャッツ』の公式的な出版物のひとつ、ブロードウェイ初演時（1982）の舞台写真集（兼歌詞集）「CATS : The Book of the Musical」でどうクレジットされているか、チェックしてみたら、〈「メモリー」の歌詞はトレヴァ・ナン作、T・S・エリオット「風の夜の狂想曲」の詩行を組み入れた部分あり〉となっていた。

「風の夜の狂想曲」は、エリオットが28歳のとき初出版された最初の詩集「プルーフロックその他の観察」(17)に収められている。全78行に及ぶ長篇詩である。日本語訳もいくつかある。「エリオット全集」第1巻(中央公論社)では深瀬基寛訳、岩波文庫「荒地」では岩崎宗治訳で読むことができる。

しかし、トレヴァ・ナンが下敷きにしたというわりには、「メモリー」とこの詩との間にはその基調となるものからしてかなりの違いがある。そもそも詩のほうは〈「風の夜」の十二時から未明の四時まで、月明かりの街を歩く孤独な男のモノローグ〉(岩波文庫「荒地」訳注)なのだ。いうまでもなく「メモリー」のほうはグラマラス・キャット、グリザベラの過去への追想、再生への希望である。

もっとも「風の夜の狂想曲」には次のようなくだりもある。

〈街灯が言った――「あの女を見たまえ、/きみのほうを向いてためらっている、嗤《わら》うように/口を開けた玄関の光の中に立って。/ドレスの裾《すそ》が見えるだろう、/すり切れて汚れている。/目じりを見たまえ、/曲がったピンのようにねじれている」〉(岩崎訳、以下の引用も同じ)

この詩行と私たちが舞台で目にするグリザベラの姿とはまったく無縁とは言い切れないだろう。

「メモリー」には原詩からとられたに違いない語彙《ごい》がいくつもちりばめられている。

memory, midnight, moon, street lamp など。

原詩のなかに cat そのものが登場することも見逃せない。

〈二時半、／街灯が言った――／「溝に身を伏せている猫を見たまえ、／ぺろっと舌を出して／腐ったバターのかけらを喰らっている」〉

こうして見ていくと、たとえ原詩と歌詞の間になんらかのずれがあるとしても、双方の間になにかエコーし合うものが存在するのは紛れもない事実であろう。

それにしてもT・S・エリオットの詩は難しい。とても一筋縄ではいかない。たとえば「風の夜の狂想曲」の冒頭である。

〈十二時。／街路に続く街路が／月の綜合の中に溶け合って、／月の呪文《じゅもん》を囁きながら／記憶の床《ゆか》が溶解する、／もろもろの明晰な相関関係も／記憶の区分と明確さも。〉

そもそも「月の綜合の中に溶け合って」の「月の綜合」とはなんなのか。先ほども参照したが、岩波文庫版「荒地」に付いている詳細な訳注に当たってみると「月明かりが街路を一つの雰囲気で包み込むことを言っている」とある。お陰でなんとなくわかったような気分になった。ちなみに「月の綜合」は原詩では「a lunar synthesis」である。

訳注といえば、「風の夜の狂想曲」というこの詩の表題について、「この詩の狙いが音楽的なものだということ、不規則で多様な事象が一つのムードに溶解することを暗示する」とある。深読みすれば、この詩はミュージカル向きで、とりわけ『キャッツ』にはお誂《あつら》え向きといっているのに等しい。なぜなら、『キャッツ』は「不規則で多様な」猫たちが「一つのムードに溶解する」ミュージカルなのだから。

「風の夜の狂想曲」というエリオットの詩の存在を知ってから、私は、グリザベラが「メモリー」を絶唱するクライマックスを観るたびに、うっすらとこの詩の字句が透けて見えるような錯覚に囚われる。いやむしろ逆のほうがよりしばしばかもしれない。「風の夜の狂想曲」の字句を追っていると、月の光を浴びて「メモリー」を命の限り歌い上げるグリザベラの姿が、おのずと浮かび上がってくることのほうが……。

トレヴァ・ナンは、このT・S・エリオットの詩が示唆する心象風景、すなわち「月の綜合」が生み出した光景を舞台上に再現してみせた点でも、見事成功している——私はそう断言したい。

にわか勉強ながら「風の夜の狂想曲」を原詩、和訳で読んでみて改めて驚かされるのは、この詩を下敷きにしてグリザベラのビッグ・ナンバーを作詞するというトレヴァ・ナンのアイディアの卓抜さである。よほどT・S・エリオットの詩作品に通暁していなくてはこのような発想はひらめくはずがない。

『キャッツ』第2幕の冒頭、長老猫が音吐朗々と聴かせる「幸福の姿（The Moments of

Happiness)」も、詩集「ポッサムおじさんの猫とつき合う法」には登場しない。エリオットの別の詩集「四つの四重奏（Four Quartets）」（43）の1篇、「ドライ・サルヴェイジズ（The Dry Salvages）」の、そのまたごく数行にもとづく。もちろんナンの提案による。そして、これもナン自身がパラフレーズした。

『キャッツ』の演出を引き受けてのち、あわててエリオット全集を読み始めたのでは発想し得る業《わざ》ではない。たぶん、ナンはケンブリッジ大学時代からT・S・エリオットの諸作、詩も戯曲もかなり読み込んでいたに違いない。

実は、この「幸福の姿」の原詩にはエリオットの〝過去〟というものについての考察が潜んでいる。したがって「メモリー」と題する曲と「幸福の姿」とが相呼応しないわけがない。いやむしろ「幸福の姿」が、グリザベラの歌い上げる〝思い出〟〝記憶〟とはなにか、その意味をひもといているふしさえある。そのあたりの議論は機会を改めて……。

ところで、ある作品にある演出家が適任かどうかは、まず第一にその作品のテキストをどこまで深く読み込めるかどうかにかかっている。『キャッツ』におけるトレヴァ・ナンの場合、詩集「ポッサムおじさんの猫とつき合う法」になにがあってなにがないかすべてお見通しだった。「メモリー」における「風の夜の狂想曲」からの、そして「幸福の姿」における「ドライ・サルヴェイジズ」からのふたつの援用を見ただけで、ナンが〝猫詩集〟のミュージカル化にいかにふさわしい演出家か歴然たるものがある。

『キャッツ』と演出家ナンの出合いはラッキーだったしハッピーな結果をもたらした。「メモリー」「幸福の姿」のような作品のメッセージを担う決定的なナンバーなくして、ミュージカル『キャッツ』の誕生はあり得なかったろうから。

「メモリー」の主題は〝記憶〟or〝思い出〟？　どっちだろう

アンドリュー・ロイド＝ウェバーは、自伝「UNMASKED」のなかで「メモリー」を「グリザベラの魂の叫び」と記している。なぜか「cri de coeur」とフランス語で……。英語にはそれに当たる常套句《じょうとうく》がないからか。いやただの気どり？

なんの脈絡もないけれど、ロイド＝ウェバーのこのフランス語のつぶやきから、T・S・エリオットの詩「風の夜の狂想曲」がパリで書かれたことを思い出した。「メモリー」を作詞するに当たってトレヴァ・ナンが援用した例の詩である。１９１１年のことで、エリオットはソルボンヌ大学に留学していた。

エリオット研究家の岩崎宗治氏によると、この詩にちらり姿を見せる街の女には、フランスの小説「ビュビュ・ド・モンパルナス」（シャルル・ルイ・フィリップ著）の登場人物、純情な娼婦ベルトが反映しているという（岩波文庫「荒地」訳注）。

このような「風の夜の狂想曲」の背景については、トレヴァ・ナンはもちろん、ナンから聞き及んでいたであろうロイド＝ウェバーも熟知していたに違いない。もしそうならグリザベラを造形する際、ふたりがパリの〝夜の女〟というニュアンスを付け加えたいと思ったろうと忖度《そんたく》しても、さほど見当違いにはならないのではないか。ロイド＝ウェバーは、「メモリー」における「グリザベラの魂の叫び」だけでなく、「グリザベラ物語の土性っ骨《どしょぼね》」も「作品自体の心臓部」も「風の夜の狂想曲」に負っているとした上で、特に最後の10行を重要視している。

〈街灯が言った――

「四時だよ、

ほら、玄関扉に番地がついている。

記憶よ！

鍵はきみがもっている。

階段に丸い光の輪を落としている小さな灯《あか》り。

昇りたまえ。

ベッドはあいている。歯ブラシは壁に掛かっている。

戸口に靴を置いて、眠りたまえ、生を生きるために」

ナイフの最後のひとひねり。〉（岩崎宗治訳）

「この詩の最後のくだりはミュージカルでは使われていない。しかし『キャッツ』の中心的主題はここに凝縮されている」

とまでロイド＝ウェバーは言い切っている。「風の夜の狂想曲」から借りてきたのは、月の光、街灯、見すぼらしい女、身を伏せている猫だけではない、作品のテーマそのものまでもというわけだ。ただし、この詩の部分にどのように中心的主題が凝縮されていて、それをどのように抽出したかについては、なぜか具体的に触れることはない。

「風の夜の狂想曲」の主人公は若い男である。午前零時から人けのない街をさ迷い歩いている。そして午前4時、安ホテルか安アパートか知れないが、その一室にたどり着く。男はそこで新たな「生を生きるために」深い眠りに就く。

「……眠りたまえ、生を生きるために」の原文は「sleep, prepare for life」である。この字句からグリザベラの昇天を発想するまでの距離はさほど遠いとは思えない。眠りを死と同義語と捉え、死もまた眠りと同じように新たな生を得るためのひとつの過程と見做《みな》せばいいのだから。念のため別の訳に当たってみると「眠れ、生に備えよ」（深瀬基寛訳）となっていた。

問題はとどめの一発のような「ナイフの最後のひとひねり。」はなにを意味するのか。男の身の上になにか不吉な事件が起こったのか。自らの胸を自らの手に持ったナイフで刺したのか。岩崎氏の訳注には「みじめで侘しい生活の苦悩が最後に胸を刺して、語り手（と彼の意識の中の娼婦ベルト）は眠りにつく、ということか」とある。

「風の夜の狂想曲」と『キャッツ』との関係においていちばん無視できないのは、「メモリー」という題名、そしてこのビッグ・ナンバーの内容が漠然とながらこの詩によっていることである。『キャッツ』の「メモリー」は「風の夜の狂想曲」なしには生まれることはなかった。

メモリーの原語はもちろんmemoryで、78行に及ぶ長篇詩「風の夜の狂想曲」のなかに5回登場する。その箇所を岩崎訳でピックアップしておく。「記憶の床《ゆか》が溶解する、」「真夜中が記憶を揺さぶる、」「記憶が岸辺に打ち上げる／ねじれたものたちの群れ。」「お月様は記憶喪失」、そして先に引用した箇所にある「ほら、玄関扉に番地がついている。／記憶よ！」である。

memory＝メモリー＝記憶は「風の夜の狂想曲」のもっとも重要なキーワードなのである。もちろんmemoryの訳語として「記憶」は、この場合100パーセント正しい。しかし同時に、私たち日本人には「思い出」という訳語を思い浮かべる人も多いのではなかろうか。手もとにあるいくつかの英和辞典でチェックしてみると、両方の訳語とも出てくるが、「①

記憶、記憶力　②思い出、追憶」（「新英和中辞典」研究社）のように項目を分けている。

念のため「広辞苑第7版」で記憶と思い出とふたつの言葉に当たってみると、記憶は「物事を忘れずに覚えておくこと、また、その内容。ものおぼえ」、思い出は「前にあった事柄で深く心に残っていることが思い出されること」と説明されている。

そう説明されてみると、そうか「覚えておくこと」がないと「思い出されること」もあり得ないなと納得せずにいられない。ふたつの日本語は似ているように見えながら、人間のまったく別の心の動きを意味していると思われる。

これも念のためだが、和英辞典で追憶と思い出を引いてみた。もちろん両方ともmemoryと出てくる。英語を母国語あるいは日常語にしている人たちは、このmemoryという言葉を口にするとき、または耳にするとき、日本語に訳した場合のふたつの言葉、すなわち「記憶」と「思い出」のニュアンスの差異を、その都度、ほとんど無意識的に感じとっているに違いない。口にこそ出さないものの、これは記憶、これは思い出というふうに……。

これはあくまで私見だけれども、トレヴァ・ナンが「風の夜の狂想曲」を下敷きに「メモリー」を作詞したとき、同じ〝memory〟が主題であってもそのニュアンスが〝記憶〟から〝思い出〟へ少しずれたのではないか。すなわち、人間にとって記憶とはなにかという抽象的命題からグリザベラの個人的な感慨へと……。わかったようなわからないような議論でごめんなさい。

実際、日々の舞台ではグリザベラが美しかった若き日を思い出しつつ「メモリー」を絶唱するとき、世界中の観客が涙してきた。そして今もなお。

このエリオットとナンとの微妙なずれを反映するかのように劇団四季版・浅利慶太訳の「メモリー」の歌詞には、記憶という文字はひとつもない。当然だ。記憶という無骨な?単語がミュージカルの歌詞にふさわしいわけがないのだから。かわりの単語はメ、モ、リ、ーと思い出、である。

オールドデュトロノミーは歌う
真の「幸福の姿」とはなにかと

「メモリー」がT・S・エリオットの詩「風の夜の狂想曲」を下敷きにして書かれたように、第2幕冒頭、オールドデュトロノミーが歌う「幸福の姿」もまたこの桂冠詩人の「ドライ・サルヴェイジズ」の一部にもとづいている。

ただし、もとねたの扱い方がこのふたつの曲ではまったく異なる。「メモリー」は、主題、情景はもとより memory, midnight, moon, street lamp など語彙《ごい》も借用しているものの、歌詞自体はトレヴァ・ナンが新しく書き下ろした。一方、「幸福の姿」は、一部カットはあるものの原詩をほぼそのまま活かして使っている。アンドリュー・ロイド゠ウェバーは例の自伝「UNMASKED」でこう書いている。

「トレヴァはもうひとつ、『キャッツ』に魂を入れることになるエリオットの詩句を見つけてきた。それは『ドライ・サルヴェイジズ』のなかにあった。エリオットは、記憶について、また私たちはなぜ過去を必要とするかについて思索を重ねてきたが、その根幹をなす主題がその詩句には潜んでいた。トレヴァがそれを抜き出し、私が音楽を付けた」「ドライ・サルヴェイジズ」は「荒地」と並ぶT・S・エリオットの有名な詩集「四つの四重奏曲」のなかの1篇である。収められている4篇の詩それぞれが長篇詩で「ドライ・サルヴェイジズ」も230行を超える。歌にしたのは英語の原詩でそのうちの9行にすぎない。実をいうとその9行は本来11行で2行削られている。削られている部分も含め紹介する。その削られた部分があったほうが、エリオットが考える幸福とはなにかが理解されやすいからだ。森山泰夫注・訳「四つの四重奏曲」(大修館書店)より(以下の引用も同じ)。括弧内が原詩にあって歌詞でカットされている部分です。

「折り折りの幸福感(――仕合せのことではない。
実現，達成，安心，愛情などでもない。
うまいご馳走のことでもない。それはあの思いがけない光明のこと――)
われわれはあの体験がありながら，意義を摑みそこねている。
意義に迫って行けば，体験は
違った姿で戻って来る。どんな意味あいの幸福も
これには到底およばない。(前にも言ったように，)

意義の甦った過去の体験は
一人の人生の体験に留らず
幾世代の人々の体験――おそらくは
全く言いようのないことまでも含んでいる。」

森山氏が「折り折りの幸福感」と訳している原詩の英語は the moments of happiness、「仕合せのこと」は the sense of wellbeing、「思いがけない光明」は the sudden illumination、「体験」は the experience、「意義」は the meaning である。

エリオットは「うまいご馳走」はじめ世俗的な幸福を全否定し、突然、私たちが輝ける光明に包まれた瞬間にこそ幸福は訪れると説く。ならば「あの思いがけない光明」とはなにか。それは世俗的な価値の対極にあるものに違いない。イルミネーションという言葉から想像されるのはめくるめく恍惚感である。でなければ一種の悟りか。もしかするとその両方に同時に襲われることかもしれない。

ナンが巧みに短縮した歌詞では「折り折りの幸福感」以下の括弧内の部分が省略されていて、いきなり「われわれはあの体験がありながら、意義を摑みそこねている。」に飛ぶ。ミュージカル・ナンバーの歌詞としてはそのほうが簡潔でわかりやすいからだろう。しかし、エリオットの原詩の見逃せないキーワード「あの思いがけない光明」がカットされているのは残念な気がする。

「幸福の姿」の原詩及びそれとほぼイコールの歌詞には、ロイド＝ウェバーが指摘するように記憶について、またわれわれがなぜ過去を必要とするかについて重要なメッセージが隠されている。私の見るところ潜んでいるメッセージはふたつあると思う。人は幸福の瞬間に出合っているのに、その体験の意味するところをしっかり認識していない、今一度その意味を確認することで追体験しようではないか。これがひとつ。もうひとつは、そうして甦った幸福感はひとりの人生体験によるものではない、何世代にもわたる多くの人々の体験の堆積だということである。

今さら断るまでもないが『キャッツ』は、登場するキャラクターこそ猫であれ、猫の世界の物語ではない。猫の世界に仮託した生々しい人間の物語である。すなわちわれわれの物語だ。したがってつい私も「人は」とか「ひとりの人生体験」とか書くことがある。以上、念のため。

エリオットについてにわか勉強したにすぎない私が言うのも口幅ったいが、この大詩人・大思想家の生涯の関心事のひとつは時間であった。生涯かけて人間にとって時間とはなにかを追求した。「ドライ・サルヴェイジズ」から「幸福の姿」に通底する主題のひとつ〝過去の体験とその意味〃も例外ではなかろう。

エリオットの代表的詩集「四つの四重奏曲」には「幸福の姿」のねた「ドライ・サルヴェイジズ」など4つの詩が並ぶが、それぞれの詩の表題と内容は、詩人の過去となんらかの意味で深い繫《つな》がりのある地名に由来する。そのこと自体からしてもエリオットの過ぎ去った時間、過去への執着が見てとれる。

ちなみにドライ・サルヴェイジズは、アメリカ・マサチューセッツ州アン岬沖合にある岩礁群のことで、17〜18世紀、このアン岬にはエリオットの先祖が住んでいた。

詩集の冒頭を飾る長篇詩「バーント・ノートン」は、イギリス南西部グロスターシャーにある古い荘園に材を得ている。詩人がこよなく愛した薔薇園がある。詩はこんなふうに始まる。

「現在の時も過去の時も
たぶん未来の時の中にあり、
また未来の時は過去の時に含まれる。」

ここにもエリオットの時間論の一端がある。

話を「幸福の姿」に戻す。このナンバーを歌うオールドデュトロノミーだが、原作の「ポッサムおじさんの猫とつき合う法」と『キャッツ』では、同じ猫でありながらそれぞれのキャラクターにかなりの違いがある。つとに英文学者・比較文学者池田雅之氏の指摘するところである。

「ミュージカルでは、あくまでジェリクルキャッツたちをたばねる指導者で神のごとき存在ですが、原作では、『ボケ猫』といってもよいくらいの年寄り猫になっています」(「猫たちの舞踏会」)

先にミュージカルを観た人があとで〝猫詩集〟を読むとその相違に驚くかもしれない。「ボケ猫」から「神のごとき存在」へ、この大幅なキャラクターの変更は演出のトレヴァ・ナンによっておこなわれたものだろう。もちろんオールドデュトロノミーが『キャッツ』の根幹を担う「幸福の姿」を歌うことと連動しての改変である。日なたぼっこに明け暮れるボケ猫が朗々と幸福論を歌い上げるはずなどないから。

ここにもナンの優れた仕事ぶりの足跡が残されている。

谺《こだま》し合うふたつのナンバー「メモリー」と「幸福の姿」

ミュージカル『キャッツ』の構成上、またはプロット上、最大の眼目はなにか。あるいは最高の見せ場はどこかと言い替えてもよい。もちろん、それは、終幕直前、「メモリー」を歌いつつグリザベラが昇天する場面である。

そのことは第1幕「ジェリクル・パーティーにようこそ（The Invitation to the Jellicle Ball）」のなかで早々に予告されている。マンカストラップの歌からその部分を対訳で引用する（「キャッツ―オリジナル・ロンドン・キャスト」日本盤ライナーノーツより、対訳今井スミ）。

「夜明け直前、長老猫のデュタロノミー（原文ママ）が／ナイフで切れそうなほどの静寂を破り／生まれ変わりを許される猫の名を告げる／新たなジェリクルの命を授かって／遥かなる天上へと昇っていく猫の名が／そこで数々の奇跡を目にする猫はたった一匹」

（劇団四季公演では、今、引用した対訳にほぼ相当する部分は歌ではなく朗読でおこなわれる。それと、「ジェリクル・パーティーにようこそ」というナンバー表記はなく、ひとつ前の「ネーミング オブ キャッツ～猫の名（The Naming of Cats）」と合体している、念のため）

クライマックスで新たな生命を得て天上へ昇ることを許される猫は、この世でいちばんのしあわせ者のはずである。その猫はどのようにして選ばれるのか。その選ばれる基準をはっきりさせるためにはその前提として真の幸福とはなにかが明確に定義される必要がある。先のマンカストラップの歌ではその決断を下すのがオールドデュトロノミーなのはわかるが、それ以上のことが歌われるわけではない。

オールドデュトロノミーが考える真の幸福とはなにか（それはすなわち原作者エリオットの考えでもある）がきっちり示されるのは、第2幕冒頭、長老猫のソロ「幸福の姿」においてである。第2幕のトップというポジショニングからして観客への印象度を計算に入れていることは明らかで、このナンバーの重要さがひしひしと伝わってくる。

「幸福の姿」の歌詞、すなわちエリオットの詩「ドライ・サルヴェイジズ」については、前章、かなり突っ込んで書いたので、ここでは2点のみ再確認するにとどめる。ポイントはふたつ。まずひとつ目、私たちは幸福な体験をしているものの、その意味を深く考えていない、意味を追求すれば幸福は戻ってくる。ふたつ目、甦った体験はひとりの人生から生じたものではない、幾世代にもわたる体験の集積だ。

グリザベラが年に一度のジェリクル舞踏会で天国へのパスポートを手にし得たのは、オールドデュトロノミーが指し示す〝幸福論〟の条件をよく理解していたからだろう（というふうに解釈しておこう）。

先のライナーノーツ対訳から第2幕「メモリー」（リプリーズ）の一部を引用する。

「思い出よ　月明かりに照され、独りきり／懐しい日々を思えば笑顔になれる／あの頃の私は美しかった／憶えているわ、幸せの意味を知っていたあの頃を／だから蘇らせて、あの思い出をもう一度」

作詞は、すでに詳しくその経緯について触れたように、エリオットの「風の夜の狂想曲」を踏まえたトレヴァ・ナンの手になる。

「メモリー」と「幸福の姿」はどことなく共鳴し合っているところがある。「メモリー」が下敷きにした「風の夜の狂想曲」と「幸福の姿」の原詩とが、同じようにどこかで通底しているからではないだろうか。

ふたつのエリオットの詩に潜む通奏低音は「過去」である。「風の夜の狂想曲」のキーワードが過去の記憶なら「幸福の姿」のそれは過去の体験だ。これらの詩が過去を隠れた主題に通底し合っているとすれば、ふたつのミュージカル・ナンバーもまたその含意を受け継いでいるのはごく自然のなりゆきと思われる。

いや自然のなりゆきではなく、これはナンの演出意図のなせる業《わざ》と捉えたほうがいい。ナンは「ドライ・サルヴェイジズ」の数行を『キャッツ』の根幹的なメッセージに据えようと決断してのち、さまざまなプランを練ったことだろう。とりわけ、この詩行をオールドデュトロノミーに歌わせ、ヒロインの持ち歌にしてこのミュージカル最大のナンバーとどうからませるかに腐心したに違いない。つまり、その反映である。

先だってふと思い出し、ロンドンで製作された「キャッツ」アルティメット・エディション（１９９８、ジェネオン・ユニバーサル・エンターテイメント）のブルーレイをとり出し、改めて見てみた。ロンドン初演の舞台をできる限り再現しようと努力した映像作品である。根底にあるのはトレヴァ・ナンの淀みの一切ないオリジナル演出であろう。そのシームレスな流れに惚れ惚れとなる。映像演出はミュージックビデオの分野で知られるデイヴィッド・マレット。

舞台の第１幕後半に相当する「オールドデュトロノミー～長老猫（Old Deuteronomy）」か

ら「メモリー（Memory）」に至る流れが、とりわけ楽しめた。ひとことで言うと壮麗かつ繊細。ここぞというときにオールドデュトロノミー、あるいはグリザベラのクローズアップが入る。続けて長老猫のアップのときは妖艶猫の、妖艶猫のときは長老猫のアップも。双方の関係が作り手の意識のどこかに常にあるということだ。

第2幕の最高潮の場面で、オールドデュトロノミーが敬意の微笑みを浮かべグリザベラに頭《こうべ》を垂れる。ヘヴィサイド層に通じる階段に彼女を誘う直前のところだ。瞬間、まるで上下関係が入れ違ったかのよう。いや実際、天上で新たな生命を得るというのはそれほど尊敬される価値のあることなのだろう。私はオールドデュトロノミーのその一瞬の仕草と表情に釘付けになった。

あからさまではないけれど、『キャッツ』はグリザベラとオールドデュトロノミーを軸に繰り広げられる劇的構造になっているようだ。

タントミール、マンカストラップ、ラム・タム・タガーらがオールドデュトロノミーを紹介する第1幕の楽曲も親愛の情に満ちあふれ、一度聴いただけで記憶に残る。しかも親しみやすさだけでなく格調がある。親しみやすく風格にも事欠かないというこの曲の特色は、オールドデュトロノミーのキャラクターと見事に重なり合っている。

池田雅之著「猫たちの舞踏会」によると、デュトロノミーは語源的には旧約聖書「申命記」

を意味するという。

「モーゼの説教と律法から成るものですが、この書には、モーゼが百二十歳という長寿で亡くなるまでのことが書かれています。この長寿猫の名前は、百二十歳まで生きたモーゼにあやかってつけられています」

なるほど。

ユダヤ教、キリスト教などの高名な預言者として知られるモーゼが長老猫と繋《つな》がっていたとは！　オールドデュトロノミーが神に仕え、グリザベラを天国に送り出す役割を果たすのは、その名前からして運命的必然ではないだろうか。

もしジュディ・デンチがグリザベラを演じていたら？

ここ何章かにわたりオールドデュトロノミーとグリザベラ、それぞれが歌う「幸福の姿」と「メモリー」について私の拙い考えを述べてきた。ふたつの役柄とそのミュージカル・ナンバーは作品の深いところで通底し合っている、そもそも下敷きにしたT・S・エリオットの原詩からして相呼応しているのだからというのが、私のささやかな仮説であった。

この仮説から、私がふと連想した女優がいる。今やイギリス演劇界の代表的な存在となったジュディ・デンチである。彼女は思わぬ怪我で本番こそ務められなかったものの、『キャッツ』世界初演（１９８１、ロンドン）ではグリザベラ役を振り当てられ稽古に励んでいた。しかも、２０１９年、映画化されたときにはオールドデュトロノミーを演じている。ふたつの役柄、楽曲の関係性について、もしかしたら彼女は、多くのことを感じとっているのではないかと想像を逞《たくま》しくしたからだった。

デイム・ジュディとは11年、高松宮殿下記念世界文化賞を受賞し来日したおり、懇親の機会があった。そのときはまだオールドデュトロノミーは演じていなかったので、オールドデュトロノミーとグリザベラの相関関係について尋ねることはあり得なかったとしても、グリザベラ観は聞いておくべきだった。惜しいことをした。

ジュディ・デンチは、１９３４年12月９日生まれである。グリザベラ役と格闘していた81年当時は47歳、決して若くはなかった。演出のトレヴァ・ナンは、むしろ峠を越した老残の娼婦に扮するにはぴたりの年齢だと判断し、彼女にこの役を振ったのだろう。

そのデンチが不慮の事故で出演不能となったとき、急遽、代役を乞われたエレーヌ・ペイジは48年３月５日生まれでデンチより13歳以上若い。33歳のときにグリザベラを演じたことになる。

ジュディ・デンチからエレーヌ・ペイジへのスイッチで、グリザベラ役についてもっとも大きく変わった点は、40代後半の演技派ではなく30代前半の歌唱派の役柄になったことではなかろうか。デンチが演じたら強調されたであろう落魄《らくはく》の娼婦というイメージもかなり薄まった。私の記憶のなかでも、初演時のペイジのグリザベラは若々しく美しく、きらきらと輝いている。

今、私たちは彼女のその片鱗に98年リリースの映像作品でお目にかかることができる。初演時、ペイジが作り上げたグリザベラ像に思いを馳せるよすがとなるはずである（前章でも触れたブルーレイ「キャッツ」)。

ロンドンでの世界初演に次いで、82年10月7日、『キャッツ』ブロードウェイ公演が始まった。グリザベラ役をつかみとったのは47年7月3日生まれ、35歳のベティ・バックリーである。エレーヌ・ペイジの8ヵ月年長、ふたりはほぼ同世代と見做《みな》すことができる。ブロードウェイ・デビューは、69年、アメリカ独立宣言を巡る歴史ミュージカル『1776』。雑誌ニューヨークが〝The Voice of Broadway〟という称号を奉ったくらいだから、ペイジと同じ、歌唱派だろう。年格好、歌唱型という共通点からして、ペイジからバックリーへというキャスティングにはひとつの流れを感じないではいられない。

別の言い方をすればこういうことだ。もしデンチが不慮の災難に遭わず予定どおりグリザベラを演じていたなら、ブロードウェイでのこの役はペイジやバックリーより相当年配の、かつ演技派のミュージカル女優のものとなったのではないか。そしてウェストエンド、ブロードウェイに続く世界中のプロダクションもまた、それを踏襲したのではないか。

私は推測する――オリジナル・プロダクションは、キャスティングの点ひとつとっても後続プロダクションに対しそのような目に見えないながら絶大なる影響力を持っている、と。

ところでデンチの『キャッツ』出演が決まったとき(最初はジ・オールド・ガンビー・キャット、グリザベラの二役を演ずる予定だったが、一度目の事故で前者が、二度目の事故で後者が吹き飛んだ)、人々は彼女の歌唱力についてもじゅうぶん信頼を置いていたのだろうか。シェイクスピア女優としての実力は高かったものの、世間一般ではミュージカル女優としてどのくらい評価されていたのか、怪しいものがある。

それにつけても思い出されるのは、『マイ・フェア・レディ』世界初演(56)、ブロードウェイ)で、ヒギンズ教授役に名優レックス・ハリソンが起用されたおりの世評である。「ハリソンって歌えるの?」と冷ややかな反応が結構多かったと聞く。

ただしミュージカルはオペラ、オペレッタではない。声楽的に正確を期すより役柄に沿って歌うことがより大切のはずだ。場合によっては歌うより語りに近くというか、語るように歌うという奥の手だってある。ハリソンがミュージカル初出演で大成功を手にしたのはご存知のとおりである。

幸いデンチには『キャバレー』(68)ロンドン初演で主役サリー・ボウルズを演じるというミュージカル体験があった。ロイド=ウェバーもその舞台を観ていて感心したという。

結果的に幻となったデンチの「メモリー」について、ロイド=ウェバーが自伝「UNMASKED」のなかですこぶる興味深い本音を記している。

「では『キャッツ』について最後のひとことを。私は今もしばしばジュディ・デンチの『メモリー』はどうだったのか尋ねられる。その答えはI don't Know。歌詞が出来上がる前に役

を降りてしまったのだから。でも私のピアノで軽く歌ってもらったことはある。その経験から
すると心が打ち震えた。私はエレーヌのためにもピアフ・スタイルでオーケストラの編曲
を書いているが、デンチが出演していたらその方向をもっと推し進めたことだろう」
そして念を押すように、
「その後、エレーヌは舞台でピアフ自身の生涯を演じている。このことを、ぜひ記憶にとど
めておいてほしい」
とも。
ピアフ伝記劇に主演したペイジ以上にデンチはピアフに似せて歌えるということか?
ジュディ・デンチほどの女優ならば、本人自らどんなグリザベラ像にするか、じゅうぶん
に構想を練っていたに違いない。しかも演出はロイヤル・シェイクスピア・カンパニーでの
名コンビ、トレヴァ・ナンである。ナンの考えたことは即座に理解できたはずだ。結果的に
はデンチのグリザベラ像は彼女と演出家の頭のなかにしか存在せず露と消えたけれど。
誰もが見たことがないグリザベラ像、聴いたことのない「メモリー」に思いを馳せるのは、
なんと詮ないことだろうか。ずっと長いこと、そう思っていたところ、たまたまロイド＝ウェ
バーのこの言葉と出合った。この短い言葉がその詮なさを埋め合わせてくれるはずもないが、
観たい、聴きたいと思っているものを想像する重要な手掛かりに少なくともなるような気が

する。とりわけピアフという名前はヒントになる。

もちろんピアフとはシャンソンのエディット・ピアフに決まっている。なぜピアフ？　唐突すぎないか。しかし、大いにわかる気もする。たとえばピアフの歌う「枯葉」からひとりの女のイメージが浮かび上がってくるとすれば、それはグリザベラに限りなく近いのではないだろうか。

重なり合うふたつのシルエット、エディット・ピアフとグリザベラ

もしジュディ・デンチが怪我をせず、オリジナル・キャストとしてグリザベラを演じていたら、彼女の歌う「メモリー」の編曲は多分にエディット・ピアフのスタイルを想定したものになったであろう――前章で、このアンドリュー・ロイド゠ウェバーのすこぶる興味深い証言を紹介した。

ロイド゠ウェバーは、なぜデンチがグリザベラ役ならピアフの線でと考えたのか？　作曲家の真の狙いを理解するためにはピアフとはどのような歌手だったのか、そもそも彼女の歌っていたシャンソンとはいかなる音楽なのか、最小限の知識が必要なはずである。

シャンソンは伝統と歴史を誇るフランスの大衆歌謡で、ロック時代の現在は退潮著しいが、1920〜60年代は欧米諸国を中心に世界中でもてはやされた。日本でも同様に人気が高かった。

ピアフは第二次世界大戦後の人気歌手で、「バラ色の人生」「愛の讃歌」「群衆」「水に流し

て」などのヒット曲で知られる。シャンソン研究の第一人者蘆原英了《あしはらえいりょう》氏の著書「巴里のシャンソン」（白水社）から引く。

「ピアフも、ダミアと同じくシャントウズ・レアリストという種類の歌手です。人生派歌手といってもよく、庶民の愛や死、貧窮、絶望、失恋、飢え、破局など、人々の悩みや苦しみを、低い暗い声で物語り、また声を張りあげて絶叫いたします」

同じシャンソン歌手でもシャントゥーズ・レアリスト（直訳すれば現実派女性歌手、男性歌手はシャントゥール）の向こうを張る一派は、シャントゥーズ・ファンテジスト（幻想派女性歌手）と呼ばれる。

蘆原氏がまたシャンソン全般の特性について次のように述べていることも見逃してはなるまい。

「ただある感情を歌ったとか、ある情景を歌ったとかでなく、詩でなく、筋を持った物語を歌ったところにシャンソンの特徴があり、親しみやすいわけがあるのであります。物語であり、ドラマでありますから、全体の劇的表現というものが必要であります。言葉の一つ一つに意味をもたせ、それを要求されているように表現しなければなりません」

要するにシャンソンの特色は物語性、ドラマ性にある、したがって歌手は曲全体の劇的表現、言葉一個一個の意味を疎かにしてはならないということである。この尺度で改めてピアフのアルバムを聴いてみると、いかに彼女がシャンソンの理想的な表現者であるか、おのずと納得させられる。聴きながらロイド＝ウェバーは、この歌唱法をデンチに修得させたかったのではないかとつくづく思った。当然、彼はシャンソンの特性もピアフが不世出の大歌手であることも熟知していたであろうから。

ジュディ・デンチはミュージカル女優でもなければ歌手でもない。歌のプロフェッショナルと同等の声量、音域、技量を求めたらないものねだりになってしまう。しかし彼女は英国における最高レベルの女優である。シェイクスピア劇で培ってきた揺るぎない演技力がある。役柄を深化してみせることなら、そんじょそこらのミュージカル女優など足もとにも及ばない。その演技力と持ち前の存在感が歌唱力の不足分など易々と補ってしまうことだろう。片や20世紀を代表する偉大なる歌手エディット・ピアフは、すでに述べたとおり、ことシャンソンの劇的表現ということでは同時代の同輩を遥かに抜きん出ていた。ピアフとデンチが時空を超えて共振し合えば思いがけない結果がもたらされたであろうことは、想像に難くない。

もしロイド＝ウェバーがデンチのために「メモリー」のオーケストレーションを書き上げていたら、果たしてどのような仕上がりになったことか。たぶん、彼女は語るように歌い、歌うように語ったであろうから、オーケストラは常に歌に寄り添うかのように演奏したに違いない。オケが歌に覆いかぶさることなど、ゆめゆめ起こるまい。鳴り響くサウンドはブラス・セクションが極力抑えられ、ストリングスにウェイトが置かれたのでは？　ピアフ・スタイルを目指すからには、ちらりとパリの薫りが漂っていたりして。だとしたらここはアコーディオンではなくミュゼットで決まりだ。

もしかして、ロイド＝ウェバーがピアフの色合いをとり入れたいと思ったのは、デンチのための編曲だけではなく彼女が演じるグリザベラ像全体に対してではなかったのか。さらには誰が演じるかとは関係なくグリザベラとピアフを重ね合わせようとしていたふしが垣間見える。その根拠は、デンチの代役エレーヌ・ペイジに対してもピアフ・スタイルを編曲にとり入れるつもりだったと、自伝「UNMASKED」で明言していることである。

ただしデンチの場合のほうがより強く意識したらしい。ペイジはのちに伝記劇『ピアフ』（作パム・ジェムズ）に主演するほどピアフとは相性がいいので、放っておいても似てくると思っていたのか？

エディット・ピアフは１９１５年、パリで生まれた。63年、没。その生涯、48年に満たない。父は大道芸人、母も路上の歌手。生後2ヵ月で母に捨てられ、父方の祖母が営む娼家で育つ。16歳のとき初めてからだを売る。病気になった娘の治療費を稼ぐためだった。

はたちの頃、路上で歌っていたところ、高名なナイトクラブのオーナーの目に留まり、彼の店に歌手として雇われる。しかし、その社長が変死し犯人と疑われ、どん底に突き落とされた。その一生は波瀾万丈。名をなしてのちも酒・薬物中毒、自殺未遂、自動車事故と暗い翳《かげ》が付きまとった。

男の出入り数知れず。なかでは拳闘ヘビー級チャンピオン、マルセル・セルダンとの恋が有名だが、愛し合っている最中《さなか》、彼を飛行機事故で失う。「愛の讃歌」は彼に捧げられた哀悼歌《エレジー》である。

こうして駈け足でその一生を追っただけでも、ピアフには、大スターの座を得ながら薄幸の女というイメージが付きまとう。

そういえばグリザベラについてのT・S・エリオットの草稿のなかに次のようなくだりがあった。

「彼女はうらぶれた下町のそこここによく現れた／トテナム・コートの穢《けが》れた路地近くとか／無法地帯を駈け巡ることもあった……」

この老残のグリザベラと、若き日、投げ銭目当てに路上で歌っていたいたいけな、しかし逞《たくま》しくもあった少女ピアフとの間の距離は、意外なほど近いのではないのか。

ピアフは現実派・人生派歌手と呼ばれていた。しっかり己の実人生を踏まえて歌うことも、おのずと歌に実人生が反映することもあったろう。それ故、グリザベラが造形される際、ピアフの音楽性が少しでもとり込まれていたなら、そこには同時にピアフの実人生が影を落とすこともあり得るに違いない。

ロイド＝ウェバーは直感的に見抜いていた。ピアフとグリザベラ、ふたりのシルエットは多分に重なり合う、と。

（ピアフの来歴については蒲田耕二著「聴かせてよ愛の歌を──日本が愛したシャンソン100」〈清流出版〉に負うところが多い。記して感謝する）

特別対談　ゲスト＝鎮守めぐみさん（音楽監督）

ロイド＝ウェバーの曲はポテンシャルがすごく高い

安倍　『キャッツ』は、1981年5月11日にロンドンでワールドプレミアが始まり、83年11月11日に日本初演が東京の西新宿で開幕しました。現在も『キャッツ』の音楽監督をされている鎮守めぐみさんは、その日本初演から作品に参加されています。当時の稽古場はどんな様子でしたか？

鎮守　稽古始めはまだ代々木の稽古場でした。最終稽古ぐらいでやっとあざみ野に稽古場が完成し、その最初の稽古が『キャッツ』だったと思います。新しい稽古場でみんな猫になって床を這《は》い回っていたのを覚えています。

安倍　本格的な稽古場と『キャッツ』、その意味でも、この作品は劇団四季の歴史に重要な足跡を残していますね。鎮守さんは初めどんな立場だったのですか？

鎮守　音楽監督の助手としてずっと稽古ピアノを弾いていました。四季に入ったきっかけも、学生時代の稽古ピアノのアルバイトからで、最初の大きな作品が『エビータ』です。

安倍　ロイド＝ウェバーとは縁があるわけだ。『エビータ』には音楽監督として渋谷森久の名前がクレジットされています。

鎮守　渋谷森久先生が四季に来られるようになって、初めてそういう仕事が劇団に生まれたと聞いています。

安倍　渋谷さんは、東芝音楽工業、のちの東芝ＥＭＩのディレクターで、越路吹雪を担当していた縁で四季と関係が始まりました。大のミュージカル好きでした。もともとは成蹊大学の合唱団の指揮者で、かたわらクラシックの勉強をしていたようです。

鎮守　音楽が好きで好きで、知識も豊富でしたし、そのエネルギーの量に圧倒されました。語り草になっているエピソードも数知れない豪快な方で、私が入る前ですが、稽古で夢中になりすぎて、ピアノの角に頭をぶつけ、血を流しながら指揮をしていたという話もあります（笑）。とにかく熱い方でした。

安倍　自分がなにをしているか忘れるぐらい熱中してしまうのでしょう。僕が聞いた話では、『ジーザス・クライスト＝スーパースター』エルサレム版の舞台稽古で指揮をしていて、熱が入りすぎ、舞台に上がってここはこうしたらいいと言って自分で踊ってみせたというんです。振付の山田卓さんを差し置いて（笑）。

鎮守　渋谷先生は瞬発的にすごいアイディアを出してくださる方で、『ジーザス・クライスト＝スーパースター』のソウルガールの振付も俺がやったとおっしゃっていました（笑）。

安倍　今や渋谷森久さんの名前を記憶している人は少なくなりましたが、四季ミュージカルの礎を築いたひとりと言ってもいいですね。

鎮守　おっしゃるとおりです。音楽監督として、海外ミュージカルだけでなく、四季のオリジナル・ミュージカルにも数多く携わっていらして、作曲家の鈴木邦彦先生や三木たかし先生、いずみたく先生とともに、オリジナルの土台を作ったおひとりだと思います。若くして亡くなられましたが、体調を崩されたとき、浅利（慶太）先生が、渋谷先生がいらっしゃらなくなったら、劇団の創作体制が変わってしまうと焦っていらしたのを覚えています。

安倍　亡くなったのは58歳でしたか。そんな情熱的な音楽監督のもと、『キャッツ』はスタートしたわけですが、鎮守さんは、『キャッツ』に出合ってどんな印象を持たれましたか？

鎮守　実は、四季に入るまであまりミュージカルに興味がなかったので、すべてが初めてで、次々と稽古ピアノをやらせていただきながら感覚をつかんでいきました。そのなかで、『キャッツ』は山田卓先生の振付がまったくの日本オリジナルで、たとえば「ジェリクル舞踏会」の最後の盛り上がりや、そのあと猫たちが三角形に集まるところなど、素敵だなと思いました。今の振付もそのときの形がベースになっているので、何度海外の『キャッツ』を観ても、やはり日本の『キャッツ』が未だにいちばんいいと思います。ある程度自由なやり方で海外作品を作れたということでは、『キャッツ』が唯一無二ではないでしょうか。

安倍 ロイド＝ウェバーの音楽に触発されて、日本の振付家、音楽監督もどんどんアイディアが湧き出てきたのでしょう。ロイド＝ウェバーは、サラ・ブライトマンと一緒に83〜84年の初演の千秋楽に初来日します。

鎮守 代々木の稽古場にやってきたサラがなにか歌ったという話もあります。私はその場に立ち会えなかったのですが……。

安倍 伴奏は残念ながら鎮守さんではなかった。

鎮守 ロイド＝ウェバーさん自身が弾いたのではないでしょうか。

安倍 この年、サラとアンドリューは結婚しています。『キャッツ』ロンドン初演での彼女の役はジェミマでした。86年、『オペラ座の怪人』のクリスティーヌで一躍スターになります。ところで鎮守さんからご覧になって、『キャッツ』におけるロイド＝ウェバーの音楽にはどんな特色がありますか？

鎮守 ロイド＝ウェバーのワンモチーフが持っている可能性の高さですね。たとえば「メモリー」のいわゆる〝Aメロ〟は、まず子猫のシラバブが静かに歌い出し、娼婦猫のグリザベラが♪メモリー　仰ぎ見て月を〜と歌い、転調して、♪お願い　私にさわって〜で壮大なサビになります。Aメロ自体がさまざまな展開を持っているのがすごいなと思います。

安倍　よくも悪くも、ロイド＝ウェバーはメロディを使い回すのがうまいですよね。

鎮守　そもそもそのメロディのポテンシャルがとても高いんです。そこが彼の非凡なところだと思いますが、同じメロディを結構しつこく展開していて（笑）。たとえば、グリザベラを送り出す「天上への旅」の♪昇れ　天上へ〜というメロディは、「ミストフェリーズ〜マジック猫」の♪驚いたもんだ　素晴らしい奴さ〜と同じコード進行の〝裏メロ〟で、なおかつ、曲の頭のファンファーレのようなメロディとも同じコード進行です。その3つのモチーフに、最終的には「オーヴァーチュア」のメロディも入ってきて、転調しながらクライマックスにまで積み上がっていきます。同じモチーフを多彩に効果的に使うことで、そのメロディが持つ緊張感も変わりますから。『キャッツ』に限らず、『ラヴ・ネヴァー・ダイズ』でも、静かに歌い出し、転調して熱唱するパターンが見られます。ロイド＝ウェバー・ミュージカルで、初めてその形でうまくいった例が「メモリー」です。最初と最後の振り幅が大きいので、同じメロディだと気づかず感動する人もいるかもしれません。

安倍 観客は別に、ロイド＝ウェバーが仕掛けた秘密に気づかなくてもいいんですよ。

鎮守 いちばんおいしいメロディが最初に来ることも多いですね。だから〝つかみ〟がいい。「メモリー」はもちろん、「ラム・タム・タガー〜つっぱり猫」もキャッチーなメロディが最初に来ます。

安倍 出し惜しみしない。確かにキャッチーな旋律は頭では使わない作曲家が多いですからね。

鎮守 潔いというか、いいメロディはそのポテンシャルを信じてとことん使い回す。そういうところがロイド＝ウェバーは上手です。

安倍 観客を意図的に興奮させてやろうというわけではなく、それが音楽的に自分にとって心地いいということでしょう。ほかのミュージカル作曲家はちょっと適わない、きわめて大胆なところがありますね。それだけ自信があるということでもあります。

（続く）

ロイド＝ウェバーのトリッキーな技の数々

安倍 現在、鎮守さんは、劇団四季の公演に限っても、『キャッツ』以外に『アラジン』『アナと雪の女王』などで音楽監督を務めていらっしゃいますが、音楽監督の仕事で大事なのはどんなことでしょう。

鎮守 いちばん大きな役割は、原語のニュアンスを、できるだけ忠実に、どうやって日本語で表現するか、それを稽古で深めていくことと、海外の音楽監督が、日本語ではどう聴こえるかをとても気にしてくれるので、その橋渡しをすることだと思っています。

安倍 日本語が理解できなくても、音楽と言葉が一致しているか、彼等には感覚的にわかるということですか？

鎮守 わかります。音楽的に、この音にこの発音の言葉を乗せるというタイミングがうまく合うと、言葉がクリアに聴こえるのですが、日本語であれ英語であれ、それが乱れたときは全部わかるので、必ず指摘されます。

安倍 彼等なりに感覚的に敏感になっているのでしょうね。でもそれは重要なことで、音と言葉が合っていれば観客にとっても心地よいはずです。音楽監督の立場から、アンド

鎮守　リュー・ロイド＝ウェバーは天才に見えますか？

１９９８年、浅利（慶太）先生が演出された長野冬季オリンピックの開会式で、先生が訳詞し、森山良子さんが歌を、長野県の子どもたちがパフォーマンスした曲が、当時ロイド＝ウェバーの最新作だった『ウィッスル・ダウン・ザ・ウィンド』のなかの「明日こそ、子供たちが…WHEN CHILDREN RULE THE WORLD」だったので、収録のためにロンドンのロイド＝ウェバー邸へ行って打ち合わせをしたことがあるのですが、天才というか、普通の人ではないなあと感じました（笑）。なにかを思いつくと、夢中になってどんどんやってしまうようなところがあって。

安倍　たぶん、論理的というよりひらめきで次々と新しい展開が生まれる人なんでしょう。でもそれができるのも、前章で話題になったように、彼の音楽のモチーフが強力で、いろいろ使い回しても目減りしないだけの逞《たくま》しさを持っているからだと思います。

鎮守　そうですね。またその音楽が凝りに凝ったものではなく、意外にシンプルで観客も受け入れやすいんです。ただ、そのシンプルななかにときどき離れ技を持ってくるんですよ。たとえば『オペラ座の怪人』の「オール・アイ・アスク・オブ・ユー」で、♪どんなとき・で・も優しい心で～の「き」と「で」の間は、ミからレまで１オクターブ以上飛んでいます。こんなバラードラインはちょっと異常というか（笑）。普通の作曲家ならやらないですね。『キャッツ』でも、「ジェリクルソング」の♪生き抜けるか〜のところで、1ヵ所だけすごく複雑でトリッキーなラインが入ってきます。単純な部分と、いきなり複雑なラインが入る部分と、計算し尽くされているのだと思いますが、その匙《さじ》加減が面白いですね。

安倍 ただ、音楽的にかなり離れ技もやってのけるけれど、現代音楽的な小難しさや、あえて言うといやらしさはなく、誰にも受け入れられる魅力を持っています。これは確かに、今までのミュージカル作曲家やオペラの作曲家、現代音楽の作曲家にはなかった。たぶん本人も、自分が書いた主旋律にそんな可能性が含まれているとは思わず、いろいろいじっているうちに、パッと思いついたりするのでしょう。僕も彼がスタッフと打ち合わせをしているときに居合わせたことがあるのですが、「ちょっとこれどう?」などと、ピアノではなく電子楽器でスタッフに弾いてみせたりしていました。

鎮守 ロイド＝ウェバーは電子楽器が好きなようですね。『キャッツ』の音楽を全部録り直したときも、もともと生オーケストラで演奏していたものが、かなり電子楽器に置き換わりました。その際、シンセサイザーのサウンドでいかに豊かな音を出すかということにとてもこだわったと聞いています。これにはオーケストラの人員削減のために編成を縮小する意味もあるかもしれませんが、今は、ミュージシャンが演奏する生の音楽より安定した、よりよい音を作ろうと頑張っているマニピュレーターたちも多いですし。

安倍 今日的な電子音楽を単純にとり入れるというより、彼自身の個性を活かした、今の電子音楽を超えるなにか新しい音楽を作りたいということなのかもしれないですね。

鎮守 『キャッツ』にも、たとえば猫の鳴き声のような音が出てきますが、それは生楽器では出せません。『キャッツ』の音楽は、生楽器と電子音の融合で出来ていると思います。

安倍 電子楽器の導入や進歩で、日本初演時の約40年前とはずいぶん音楽の世界も変わりました。

鎮守 でも未だに私の頭のなかでは、昔の生の楽器の音が鳴ってしまいます（笑）。

安倍 僕も、やはり人間の息や人間の手で奏でる楽器のほうが親近感があります。時代が変われば編曲や楽器の音色も変わるのは仕方ないかもしれませんが……。劇団四季の場合も観客がどんどん新しくなっていきますから、『キャッツ』も日々新たな工夫が必要ですし、実際になされているということですね。

鎮守 四季では２０１８年の東京・大井町公演から新録音になり、テンポもある程度ほかの国と近い形になったのですが、来日した音楽監督が理解のある方で、日本語と英語のテンポ感の違いや、ダンス・ナンバーでもステップのテンポの違いを調整しながら録音できました。そのとき曲が変わったのが「マンゴジェリーとランペルティーザ〜小泥棒」です。日本では初演からロンドン版のオリジナルCDに入っている曲で上演してきましたが、ほとんどの国はニューヨーク版のCDの曲を使っているので、日本版もそれに合わせました。歌詞はそのままでもやはり新鮮に感じますね。

安倍 初演のとき、あえてほかの国とは違うロンドン版に固執したということですね。

鎮守 『エビータ』でも、「飛躍に向かって」というロックン・ロール・ナンバーの場面を、日本では浅利先生の判断で、独自に違う歌詞で上演しました。その曲はのちに映画版には入りましたが、舞台版では使われていなかったので、作詞家のティム・ライスが来日した際、死んだ子が甦ったようだと言ってとても歓んだという話があります。18年の大井町キャッツ・シアター公演では、1988年からカットされた「ランパスキャット〜けんか猫」も復活しました。ほかにも少しずつリニューアルしています。2016年のブロードウェイ公演でもラム・タム・タガーのナンバーがラップになっていましたし、ロイド＝ウェバーも、上演するたびによりブラッシュアップしようとさまざまなアイディアを入れているようです。

安倍 最後に、『キャッツ』がこれだけ長く続いている理由はなにだと思われますか？

鎮守 詩集に曲を付けているので全体的に起承転結がなく、ドラマとしての繋《つな》がりに縛られない分、音楽も次々に変わり、そのたびに違う猫が登場します。特に日本版では、「色々な生き方の猫をお目にかけよう」というマンカストラップの科白《せりふ》を浅利先生が追加したことで、それが明快に打ち出されていて、観客もいろいろ考えながら観ることができます。それも長く続く理由のひとつかもしれません。

安倍 きょうは『キャッツ』の音楽面での貴重で興味深いお話をいっぱい伺うことができました。鎮守さんはじめ陰のスタッフの皆さんの努力、俳優たちの日々の研鑽《けんさん》、日本の観客との相性のよさなどからして、劇団四季の『キャッツ』は永遠に上演され続けていきそうですね。

ちんじゅめぐみ：東京藝術大学音楽学部作曲科卒。2011年まで劇団四季に所属し、在団中は『キャッツ』『オペラ座の怪人』『美女と野獣』『ライオンキング』『ミュージカル李香蘭』ほか四季の全ミュージカル作品で音楽監督や音楽進行を務める。退団後は『アラジン』『ノートルダムの鐘』『アナと雪の女王』『バケモノの子』『ゴースト&レディ』など四季作品、ほか『王家の紋章』『ビリー・エリオット～リトル・ダンサー～』『生きる』『スクルージ～クリスマス・キャロル～』『ドリームガールズ』『ウェイトレス』などの話題作に係わる。

振付ジリアン・リンを巡る肩書き騒動

俳優たち、ダンサーたちはどのような所作・動作で猫たちを表現するのか。ミュージカル『キャッツ』が成功するか失敗するか、その鍵のひとつは人間の肉体によるその表現方法を発見することであった。

端的に言うとその責任は振付を請け負った者の両肩に掛かっていたことになる。

念のため、1981年、ロンドン初演時、ニュー・ロンドン劇場で買い求めたスーヴェニア・プログラムを捜し出し、クリエイティヴ・チームの肩書きと名前を確かめてみた。朧《おぼろ》気《げ》な記憶どおり、associate director and choreographer の肩書きのもとジリアン・リンの名前を見つけ出すことができた（ニュー・ロンドン劇場の、のちのちのジリアン・リン劇場への改名が『キャッツ』でのリンの功績を永遠に讃えるためなのは、言うに及ばず）。

改めて私は、彼女がふたつの肩書きを掲げていたことに注目したい。すなわち単に振付だけでないことに――。アソシエイト・ディレクターにどういう訳語を当てるか悩むところだが、ディレクターと同格ではない。同格なら co-director とするだろう。しかし、ディレクターの名称が付くからには、ディレクターに準じる立場、発言権を確保していたことは間違いない。アソシエイト・プロフェッサーが准教授で通用しているのに従えば、こなれない訳語だけれど准演出か。

ならば『キャッツ』の場合、演出は誰か。先のスタッフ一覧表には directed by（なぜか director ではない）の表記でトレヴァ・ナンの名前がある。

ミュージカル『キャッツ』にふさわしい猫たちのダンス・スタイルを見出し、それを誰の目から見ても納得のいくものに仕立て上げるのは、すこぶる難しい作業である。言葉を発しない、肉体のみによる新しい〝猫語〟を確立することなのだから。また、多分に実験的な仕事だけに、その創作の過程で周囲からさまざまな意見が飛び出すであろうことは想像するまでもなかった。いわゆる〝雑音〟である。

リンが振付だけではなく演出という文字の入る肩書きをあえて掲げたのはそれらの雑音に対する予防線だった？　勝手な思い込みと承知の上で私はそう睨んでいる。

『キャッツ』にはプロデューサーがふたりいた。アンドリュー・ロイド＝ウェバー（正確には彼のミュージカルの製作会社ザ・リアリー・ユースフル・カンパニー）とキャメロン・マッキントッシュである。マッキントッシュはウェストエンド、地方巡業双方でさまざまな舞台に挑んできたが、未だ目の覚めるようなスマッシュ・ヒットは放っていない。ただ国立劇場、オペラ、バレエを含め舞台芸術の諸事情に詳しかった。特に演出家、舞台美術デザイナーの動静に通じていた。のちに『オペラ座の怪人』でオペラの舞台美術で異彩を放つマリア・ビョルンソンを登用したのは、彼がいかに目利きだったかその才能を証明する好例中の好例である。

ジリアン・リンをロイド＝ウェバーに強く推薦したのもマッキントッシュだった。ロイド＝ウェバーは、ことダンスに関してはウェストエンドはブロードウェイに比べて10〜20年遅れをとっていると考えていた。前作『エビータ』でのラリー・フラーの振付が気に入ったのか、『キャッツ』でもブロードウェイの振付家を想定していたふしもある。イギリスの振付家なら人気ディスコ・ダンス・グループ、ホット・ゴシップのリーダー、アーレン・フィリップスぐらいしか頭になかった。

ジリアン・リンは名門サドラーズ・ウェルズで名をなした元バレエダンサーである。振付・演出に転じてからもオペラからレヴューまで幅広く活躍している。マッキントッシュとは『マイ・フェア・レディ』再演版で振付を任された仲でもある。華麗なキャリアはよく知られているが、ダンスのセンスは少し正統派すぎはしないか。

たぶん、ロイド＝ウェバーは浮かぬ顔をして聞いていたのだろう。マッキントッシュは、トレヴァ・ナン演出、ジリアン・リン振付のロイヤル・シェイクスピア・カンパニー公演『間違いの喜劇』を持ち出し、リンの才能を大いに讃えた。実際、存分にミュージカル・タッチをとり入れたこのシェイクスピア喜劇は、斬新さにあふれ、すこぶる評判の高い舞台であった。

『キャッツ』を巡るこの私の論考は、これまで何度かお断りしてきたように、２０１８年、刊行されたアンドリュー・ロイド＝ウェバーの自伝「UNMASKED」に負うところが大きい。彼がこの著書で興味深い楽屋裏の挿話を紹介することがなければ、私のこのミュージカルについてのささやかな洞察も不可能だったに違いない。

ジリアン・リンの『キャッツ』参加についてもロイド＝ウェバーは注目すべき証言を記している。

ジリアン・リンに対してもトレヴァ・ナンに対しても『キャッツ』という船に乗るか乗らないか、すなわちこのミュージカル・クリエイティヴ・チームに参加するかどうか、その交渉の任に就いたのはマッキントッシュであった。ナンにはT・S・エリオットについての豊かな学殖を、リンには斬新かつ豊潤なダンス・ヴォキャブラリーを期待したと思われる。

ふたりとの交渉はともに難航した。まずは王立劇場ロイヤル・シェイクスピア・カンパニーの芸術監督の座にあったナンだが、ウェストエンドの商業演劇、それも中心的立場のロイド

＝ウェバー自身が、「狂気の沙汰と覚しい」と明言しているプロジェクトに、おいそれと乗ってくれるはずなどなかった。

それとは対照的にリンはきわめて積極的で、振付のみならず演出にも意欲を示していた。そう、リンについてのロイド＝ウェバーの証言だが、

「あり得ない胸のむかつく処遇を求めてきた」

と書いている。リンはなにを求めたのだろう。膨大な報酬か、演出という肩書き、それに伴う絶大な権力か。彼女は「UNMASKED」が出版された同じ18年に世を去っている。ぜひ、彼女の言い分を聞いてみたかった。

そうこうするうちにトレヴァ・ナンが、プロットの構成など文芸的側面への助力を超え、演出を引き受けることになる。そうとなれば話はがらっと変わってくる。つまり俄然《がぜん》、ジリアン・リンに不利になってくる。なるほどリンはナンより14歳年長で、バレエ、オペラ、ミュージカルの演出でもキャリアを積み重ねてきた。しかし、プロフェッショナルの舞台演出家としての存在感ではナンのほうが断然際立っている。話題作『間違いの喜劇』だって演出トレヴァ・ナン、振付ジリアン・リンで、ナンが〝船長〟だった。

このように見てくると、『キャッツ』におけるジリアン・リンの associate director and choreographer という肩書きは、絶妙な落としどころだったというほかない。私の見立てでは、

この肩書きはプロデューサー側からの提案と思われるが、リンはどのような気持ちで受け入れたのだろうか。

たかが肩書き、されど肩書き。そこには肩書きをかざす当人を含め利害関係のあるさまざまな人々のさまざまな思いが反映している。

ジリアン・リンが目指したのは〝猫語〟とダンス・ポエムの創出だった

准演出・振付という肩書きで『キャッツ』ロンドン初演のクリエイティヴ・チームに参加することになったジリアン・リンは、どんなダンスの技法で猫たちを表現するつもりだったのか。バレエ、ジャズダンス、はたまた今までになかったダンスか。その問いに対するひとつの答えとなるような文章を残している。

「知られているなじみのあるダンスフォームを使おうと思っていました。ただ少し違うやり方で。猫のタッチを加えるとか、私たち自身のスタイルとエネルギーで潤色するとか」(「CATS: The Book of the Musical」)。

ジャンルにこだわることなく既存のダンスを尊重しつつ、猫の特性を活かしたまったく新しいダンス様式を生み出す――それが目標だったことがうかがわれる。目指すは新たな身体言語〝猫語〟の創出である。

その使命を達成するにはジリアン・リンは誠にふさわしい舞踊家だった。まずあらゆるダンスの基本となるクラシック・バレエをきっちり身に付けていること、さらに振付・演出の仕事を始めてからバレエ、オペラ、ミュージカル、古典劇と幅広く活躍してきたこと、この2点において当時のロンドンで彼女を超えるアーティストは見当たらない。

彼女がそもそも猫好きだったかどうかわからないが、『キャッツ』に携わるようになってのち、猫たちの生態をつぶさに観察したらしく、その特色を次のように記している。

「すぐよそよそしくなる。超官能的、冷酷にして温順、完璧なくらいしなやか、とても謎めいている」あるいは、「刺激的、芝居っ気たっぷり、機知に富んでいる」

とも。これらの猫の特性はもちろんたっぷり『キャッツ』の振付にとり入れられているはずだ。

リンがミュージカル『キャッツ』に役立つ新しいダンス・ヴォキャブラリーをとりそろえるために費やした労苦は、並大抵のものではなかったろう。

『キャッツ』にも登場するT・S・エリオットの詩「猫に名前をつけること」(ミュージカルでは「ネーミング オブ キャッツ〜猫の名」)の冒頭の1節、「猫に名前をつけるのは、全くもって難しい。／休日の片手間仕事じゃ、手に負えない。」(池田雅之訳)を踏まえ、こう言い替えている。

「『キャッツ』の振付をなし遂げるのは、全くもって難しい。／日々の片手間仕事のようにはこなせない。」

『キャッツ』でのジリアン・リンの正式な肩書きはあくまでアソシエイト・ディレクター、コレオグラファーだが、自分で自分のこのミュージカルでの役割を説明するときは、あえてステージングという言葉を用いることがある。彼女の経歴をチェックすると、ステージャー、ミュージカル・ステージャーの肩書きで仕事をしているケースも数多くある。

それらはすべて（ミュージカル・）ステージャー／コレオグラファーという表記になっている。ステージャー／ディレクターと表記されることはない。ふたつが似たような職種であり、実際、彼女の頭の上にでんと演出家が存在するからだろう。遥かに振付の範疇《はんちゅう》を超え、かなり演出の領域を侵犯しながら、ディレクターを名乗れないことから、この肩書きを用いるようになったのか？

ステージャーの職務すなわちステージングは一見、曖昧模糊《あいまいもこ》とした言葉である。ジリアン・リンもそのことは認めている。しかし、『キャッツ』の仕事はあまりにも特殊すぎた。振付の範疇には収まり切らない。だからあえてこの言葉を使うと断っている。具体的にはどのような仕事をしたのか。

「それぞれの歌に潜むストーリーを明確に伝えることです。ゆめゆめ気ままに変更したりしてはなりません。なぜならこのミュージカルの脚本は各ナンバーのなかに息を潜ませているのですから」

『キャッツ』には〝本〟が存在しない。それを補うためには、ミュージカル・ナンバーに姿を隠している物語を鮮明に形にしてみせることしかない。この仕事がすなわちステージングで、その重大な責任を准演出家兼振付家は背負い込まされた……。これがリンの言い分と思われる。誠に筋が通っている。納得がいく。

ジリアン・リンの言い分に耳を傾けていると、脚本のない（脚本家のいない）『キャッツ』における演出トレヴァ・ナンと准演出・振付のジリアン・リンの役割分担の仕組みが、だんだんはっきりしてきた。作品のメッセージ、プロット、ミュージカル・ナンバーの配列はナンが考えに考え抜いて作り上げ、それを全身全霊で目に見える形に仕上げたのがリンではないか、と。もちろん、作品全体を通してふたりの仕事はさまざまな局面で交差したであろう。その有様も想像がつく。

それにしても『キャッツ』のステージングは大仕事だったろう。果たして達成感はあったのか。リンは、猫の生態を観察すればするほど、いかにT・S・エリオットの詩の〝猫語〟化が難しいか感じないではいられなかった。皮肉を込めてこう言っている。

「私たちはゴールを見つけました。自分たちで勝手にゴールだと決めただけですけれど。それは手足がすくんでにっちもさっちもいかなくなることでした」

振り付けるほうも踊るほうも身体的表現の限界を感じとったとき、突然、一条の光が差し込んでくる——そのような奇跡的瞬間を体験したかどうかわからないけれど、その瞬間直前まで追い込まれたようだ。

ただし、アンドリュー・ロイド＝ウェバーとの共同作業はすこぶる楽しいものだったらしい。稽古場に行けばそこにこのミュージカルの発案者でプロデューサーで作曲家のロイド＝ウェバーがいて、「ここのダンス、もう少し長くしたいんです」「よし、音楽を足すよ」と思いがけぬ展開になったりする。創作家同士としておのずと盛り上がる場面である。

リンがうまく説明できないと彼女の意を体したダンサーたちが仮に踊ってみせることもあった。

「いちばん苦労したけれど、いちばんわくわくしながら仕事をした」のは「ジェリクル舞踏会」の場面だったという。理由はふたつ。第一にエリオットの原詩「The Song of the Jellicles」が呼び起こす一連の明晰《めいせき》なイメージがあること。当然それを無視するわけにはいかない（「ポッサムおじさんの猫とつき合う法」が原作である以上、どのナンバーにも多かれ少なかれエリオットが抱いていたイメージがつきまとっていたはずだけれど、とりわけこの詩にはそれが鮮明にうち出されていたので、強く意識した）。

第二にこのミュージカルの要、あるいは軸となる場面だったこと。イギリス・ミュージカルに欠けていた圧倒的なダンス・シーンを作る、そのために「命をかけていた」と告白している。またリンはこうも言っている。

「エリオットの美しい詩を一度解体して、彼のアイディアを受け継ぐダンス・ポエムを見つけ出さなくてはなりませんでした」

ダンス・ポエムとは耳慣れない言葉だが、身体による詩的表現を意味する新造語か？『キャッツ』のダンス・ミュージカルとしての側面を語る際、これ以上的確な言葉はほかにちょっと見当たらないのではないか。

特別対談　ゲスト＝土屋茂昭さん（舞台美術家）

金森馨、ジョン・ベリー両氏と『キャッツ』を結ぶ線

安倍　土屋茂昭さんは『キャッツ』四季版を支えてきた重要なスタッフのひとりです。１９８３年の日本初演以来、美術スタッフの柱として公演を支えてこられた。現在のスタッフ一覧表には「美術＝土屋茂昭、劇団四季美術部」と併記されています。すごいのは83年の初演からお名前が明記されていることです。肩書きは装置デザイン・設計です。土屋さんは、そもそもどうして舞台美術という道に入ることになったのですか？

土屋　70年安保騒動が盛り上がっていた頃でした。受験勉強もせず美術系の専門学校に進んだのですが、石ころを投げたりしていたせいで除籍になってしまって……。仕方なく50人ほどの仲間と私塾を作りカリキュラムを立て、東京藝術大学などから先生をお呼びしたりして勉強していました。その当時のこと、金森馨さんと偶然出会う機会がありました。72年秋、台風の夜、新宿アートシアターの深夜劇場の仕込みに興味本位で

潜り込んで……。あれは、金森さんが朝倉摂さん、高田一郎さんと組んで作った若手美術家のグループＡＫＴとアートシアターの提携公演『奥の細道』でした。朝倉さんが装置、金森さんが衣裳、高田さんが演出です。その場で知り合った金森さんから劇団四季が俳優、演出スタッフの研究生を募集している、お前受けてみたらって薦められて……。試験には国語、英語、数学があって、しかも数学は設問が英語で、見事？零点でしたが、それでも合格してしまったのです。当時の演出部の研究生は俳優コースの研究生と同じように演技、声楽、ダンスの基礎レッスンを受けなければならなかったので、結構しんどかったですね。でものちのちの舞台美術の仕事には大いに役立ちました。

安倍 金森馨さんは劇団四季との因縁浅からぬものがあり、創立から2本目の『アンチゴーヌ』（54年6月）で衣裳を受け持っています。以来、浅利慶太演出と金森美術は名コンビと謳《うた》われてきました。金森さんってどんな舞台美術家だったのでしょうか。

土屋 戦前からの日本の舞台美術家には「舞台美術は背景的役割でいい」としか考えていない人たちが多かった。戯曲の情景を絵にするというか、装置は文学に隷属化するものという認識だったのでしょう。そういう流れに対し反旗を翻したのが先ほどのＡＫＴの3人です。ただ金森さんはほかのふたりと違うところもあった。朝倉さん、高田さんはどちらかというと造形性優先です。金森さんは造形性を優先させることは絶対しなかった。台本のなかにいっぱい詰まっている言葉をよく読み込んでなにかを発見し、発想する。それが造形に発展するんです。金森さんの頭のなかには写実主義、前衛主義、スーパーリアリズムなどさまざまなジャンルがパラレルに並んでいて、作品のためなら必要に応じてどんなプレゼンテーションだってできました。

安倍 私は金森さんは美学的には前衛芸術家だと見ています。出世作『ひかりごけ』(55年7月)を見れば一目瞭然です。白い壁、交差する直線、丸い窓。多分に無機的です。

土屋 金森さんは浅利さんと特別の関係性があった。浅利さんはいろいろ注文を出さない演出家なんですね。金森さんは自分なりに台本を読み込んで美術プランを持っていく。すると浅利さんはこれは違うなあ、いらないとどんどん削ってしまう。削ぎ落とされ削ぎ落とされて、最終的な美術が出来上がるわけです。『ジーザス・クライスト＝スーパースター』(76年4月)のエルサレムの砂漠の下には、たくさんの装置が使われず埋められたまま、初日を迎えました。

安倍 『キャッツ』初演時、金森さんが存命だったらもちろん係わっていましたよね。

土屋 金森さんは80年11月1日、亡くなられました。47歳の若さでした。『キャッツ』開幕のちょうど3年前です。間違いなく大好きになったと思います。浅利さんが舞台の仕込みに立ち会われたとき、「金森が生きていたらどんなにかやりたかったろうな」とおっしゃっていました。確かに『キャッツ』は都会のゴミ捨て場という設定ですから猥雑さが求められる。それもかなり過剰な猥雑さが……。金森さんはたっぷり飾り込むとかイメージを詰め込むような表現が大好きでしたから、好みに合った作品だったでしょう。一方、このミュージカルには「メモリー」のなかの〝思い出〟のような抽象的なテーマも含まれています。金森さんは抽象的なテーマを美術としてどう形にするか考える人でした。亡くなる直前、最後に手掛けた『エレファント・マン』（80年9～10月）の装置は棺《ひつぎ》をかたどったものでした。もし金森さんが携わっていたら時間とか永遠とかについて考えに考え抜いて、ゴミ捨て場のなかでそれら抽象的なテーマをどう表現するか工夫されたのではないでしょうか。

安倍 初演のスタッフ一覧には「美術デザイン＝金森馨記念デザイン工房」という表記が見られます。金森さんは亡くなっていたけれど、彼の遺志を継いだ人たちが参加していた？

土屋 具体的にそう呼ばれるグループがあったわけではありません。ただ当時の劇団四季美術部には金森さんの薫陶を受けた人、じかに知らなくても慕っている人がいっぱいいました。一方、誰かが中心になってなにかことを推し進めるという状況でもありませんでした。そこで自然とそういう若者たちが、『キャッツ』という巨大プロジェクトを寄ってたかってワイワイと担うことになったのです。私もその一員にすぎません。しかし、そうした事情はともかくとして浅利さんの「もし金森が生きていたら……」という慕る思いがクレジットに反映されているのだと思います。

安倍　土屋さんは装置中心に仕事をされた。初演時の平面図、デザイン画が証拠物件？としてちゃんと残っている。なんと32歳の若さでひとり立ちの舞台装置家としてデビューしたことになります。

土屋　いきなりの大舞台です。緊張しました。実は私の前任者は責任感の非常に強い方でプレッシャーのあまりか開幕4ヵ月前に雲隠れしてしまいました。それで私が後任を務めることになったのですが、それほど怖い仕事だったのです。

安倍　土屋さんは金森さんと同時にイギリスの高名な舞台美術家ジョン・ベリー（1925～2000）さんのお弟子さんでもあります。

土屋　ベリーさんはロイヤル・シェイクスピア・カンパニーやナショナル・シアターの舞台美術部門で大活躍されたデザイナーです。劇団四季の要請に応じ、『ハムレット』（68年11月）以来いくつもの作品を手掛けられました。私は73年9～10月の『探偵』（現『スルース』）から助手として付きました。「劇場空間は作品を上演するためにある。作品を活かすためならなにもためらわない」という思想の持ち主でした。その考え方がもっともよく表れていたのが、紀伊國屋ホールでの『フェードル』『女房学校』交互上演（83年6～7月）でした。ラシーヌ、モリエールの2本のフランス古典劇を上演するに当たって、ホール内部のすべて、プロセニアム、天井、壁などを17世紀風に改装してしまったのです。衝撃的でした。このときは、私もロンドンのベリーさんのお宅に泊まり込んでお手伝いしました。

安倍 同じ年の11月、すぐに『キャッツ』ですよね。

土屋 専用劇場を建てるのだし、客席も舞台も『キャッツ』という作品にふさわしい異空間に仕立て上げると覚悟しました。紀伊國屋での公演でベリーさんから学んだ劇場空間体験が、大小の規模は違えど僕の気持ちのなかでは『キャッツ』に引き継がれているんです。

（続く）

進化し続ける『キャッツ』四季版の美術

安倍　前任者が逃げ出すほど難しい『キャッツ』の装置を、いきなり舞台美術家の初仕事として任されたときは、苦労したでしょう。

土屋　海外版も観ていなかったので、まず浅利（慶太）さんが何度も口にする〝ジェリクルワールド〟や〝ジェリクルキャッツ〟の意味がわからないんです。とにかく振付の山田卓先生と相談して、俳優の動線を考え、無数の登退場口を作ったのですが、大変だったのは劇場内をゴミで埋めることでした。

安倍　都会のゴミ捨て場を作り出すことが、『キャッツ』ではもっとも重要で基本的な作業ですよね。

土屋　浅利さんは造形的なイメージやテーマは語らず、「猫から見た3倍の大きさのゴミで埋めるんだ！」としか言ってくれないんです（笑）。いろいろ試行錯誤して、当時の僕たちの技量で飾れたのは、演出的に必要なオーブンと土管、タイヤ、車を除けばほとんどが紙ゴミでした。紙皿や空き箱を3倍に拡大し、厚紙にプリントして汚したものです。でも浅利さんはどこにでもある大量生産されるようなゴミじゃないと言う。

意味もわからず仕込み途中で粗大ゴミ系を急遽作りました。やっと幕が開いて歌詞を読み返すと、「メモリー」には、思い出をたどって永遠の命をつかむことができるとある。それで、なぜ都会のゴミ捨て場なのか。そこにあるのがすべて思い出の品だからだと気づきました。観た人が記憶をたどり、思い出を甦らせることのできるものを飾らなければと。

安倍 一つひとつのゴミにも、作品のテーマである「メモリー」という言葉が反映していなければいけない。

土屋 それを初めに聞いていればどんなに楽だったか（笑）。まさに安倍さんがこの「千夜一夜」で語られていた、相互に響き合う「メモリー」と「幸福の姿」の関係を理解していなくてはいけなかった。

安倍 人間の幸福は過去の体験と深い係わり合いがあるというのが、『キャッツ』の根本的思想なんです。それがふたつのミュージカル・ナンバーの間で響き合っている。

土屋 その後の『キャッツ』の美術は、人間の記憶に同じものがふたつとないように、同じものは二度と作らないという考えで進めてきたのです。実はそれまで漠然と感じていた「メモリー」と「幸福の姿」の関係を、強烈に実感したのは、東日本大震災の被災地を巡った『ユタと不思議な仲間たち』の東北特別招待公演のときです。下見で訪れた町で目に入ったのが瓦礫《がれき》の山でした。大人も子どもも、そのなかからアルバムや思い出の品々を拾い出していました。それを見てふと思ったのですが、過去の記憶を掘り起こし、亡き人々が自分たちの心のなかで永遠の命を得られるようにと願っていたのではないか、と。

安倍 貴重な話ですね。『キャッツ』の持っているテーマと、3・11で起こった現実とが交錯するというのは、僕も考えたことはありませんでした。まさにそれは、メモリーという言葉に集約される衝撃的な出来事かもしれません。

土屋 「ジェリクルソング」の歌詞を読んだときは、『キャッツ』以前に団員たちが全国で手売り動員をしていた頃の、ほかの新劇団から孤立し、経済的にも疲弊していた時代が頭をよぎりました。浅利さんは毎週の劇団総会で、『キャッツ』のロングランが成功しなかったら劇団は解散すると言っていましたが、この決意が〝黙ったまま　耐えて強く　生きぬけるか　その孤独を〟という「ジェリクルソング」に表れていると思います。「スキンブルシャンクス～鉄道猫」のなかの、夜行列車にゴトゴト揺られ、暗闇の向こうに街あかりが見えるという歌詞も、浅利さんは地方動員のときの歌だと盛んに言っていました。やっぱり『キャッツ』は、劇団四季にとって賭けであり転機であり、日本の演劇界に革命を起こす最大のムーブメントだったのだろうと思います。

安倍 それは劇団員だった土屋さんらしい興味深い着眼点ではないかな。ジェリクルキャッツ、イコール、劇団四季のメンバーであるという視点は、『劇団四季 The Bridge ～歌の架け橋～』でもとり上げられた、吉原幸子さんの詩「ハングリー・キャッツ」にもありますが、具体的に歌詞と照らし合わせた解釈は、今までどこでもなされていないはずです。

土屋 またさまざまな猫が懸命に生きる姿は、劇団四季が繰り返し上演してきたジャン・アヌイ、ジャン・ジロドゥ劇の登場人物の姿と重なり合うところがあります。運命に従うにせよ抗うにせよ人間が真摯に人生を生き抜こうとするとき、その姿は歓びに満ち、はかなく美しいというのがアヌイ・ジロドゥ的イデエですが、『キャッツ』にはそれと通じるものが感じられるのです。

安倍 何年も係わってきたなかで、進歩したところはありますか？

土屋 劇場の進化ですね。文化の東京一極集中を避けるという浅利さんの信念のもと、『キャッツ』を各地で上演できるように、ロングランが可能な劇場などハード面をより簡易に凝縮することを考えて進化が始まったのですが、それは興行というより、この巨大なプロジェクトを日本全国の都市にそのまま持っていくぞという覚悟の表れだろうと思います。浅利さんや劇団四季が持っている思いの強さが、テントから仮設劇場、常設劇場のなかに劇場を仕込むシアター・イン・シアター・システムへと進化していったのです。シアター・イン・シアター方式を最初に導入したのは福岡のキャナルシティ劇場（当時は福岡シティ劇場）で、この方式で広島、仙台、静岡での公演も実現しました。

安倍 まず作品ありきで、それに合わせて劇場空間を立ち上げるというのはとても贅沢《ぜいたく》ですね。

土屋 既存の劇場のままでは絶対できない、客席をとり囲む空間まで作り込めますから贅沢です。舞台美術家にとってはワクワクする作品です。

安倍 観客も、この空間に入った瞬間、日常から切り離されて、ワクワクします。

土屋 観客に猫目線を体感してもらうために、客席の扉を開けてすぐ見える位置に、いちばん大きいゴミを飾っています。観客が扉を入った途端、「おおっ！」と歓声を上げてくれるのが、僕にとっては快感です（笑）。

安倍 『キャッツ』の功績とは？

土屋 今だからわかることですが、『キャッツ』がロングランをもたらしたことで、進化したものはたくさんあります。それまでなかったコンピューターでのチケット販売という情報と流通。私の分野では劇場、それから俳優、スタッフを含めた人材の育成、あざみ野の稽古場と大道具・小道具を作る工房です。そして物流、これは長野県大町市に作った倉庫群で、このすべてを同時に発想し、ほぼ同時に作ったことはすごいと思います。この劇場、育成、物流が3つそろうことで、さらにロングランが続き、全国への展開も可能になるわけです。

安倍 物流とはすなわち、装置類の保管と運送のことですね。

土屋 キャッツ・シアターの道具類は11トントラック約53台分ありますが、各公演地で共通の装置と、そうでないものがあるので、公演が終わると、すぐ使わないものは大町の倉庫に収めます。この倉庫群は現在1万3000坪あって、ここに再演の可能性がある四季の作品のすべての装置が、いつでも上演できるように保管してあります。劇場、育成、物流、この3つがそろったことが、初演の『キャッツ』が成功したバックヤードだと思います。

安倍 それも『キャッツ』というきわめて革新的な作品だからこそなし得たことなのでしょうね。納得です。

つちやしげあき：元日本舞台美術家協会副理事長。1972年劇団四季に入団。金森馨、ジョン・ベリー両氏に師事し、『キャッツ』の美術総合デザインほか、『ミュージカル李香蘭』『ユタと不思議な仲間たち』など担当作品多数。2000年退団後TSUCHIYA CO-OPERATIONを設立し、劇団四季『エビータ』『ミュージカル南十字星』『鹿鳴館』、地球ゴージャスのほぼ全作をはじめ、ストレートプレイ、ミュージカル、オペラを多数手掛けている。

遂に見つけた子猫ちゃんたちの棲《す》み処《か》、ニュー・ロンドン劇場

改めて断るまでもないだろうが、念のため。ミュージカル『キャッツ』はロンドンで産声を上げた。1981年5月11日、於ニュー・ロンドン劇場。世界初演となるロンドン公演は21年間続き、8949回の上演記録を残している。

ニュー・ロンドン劇場は73年の開場だから、ロンドンのほかの劇場に比べるとずいぶん新しい。劇場街ウェストエンドに並ぶ古くからの劇場のようないかにも由緒あるといったたたずまいは、まったく感じられない。『キャッツ』開幕の頃は開場から8年しか経っていなくて、文字どおり新ロンドン劇場だった。

ニュー・ロンドン劇場は〝未来の劇場〟を謳《うた》い文句に颯爽《さっそう》と登場した。プロセニアム・アーチ（舞台、客席を分ける額ぶち）を持つ伝統的な劇場としても、客席にはみ出した回り舞台のある前衛的な劇場としても使えるという触れ込みだった。客席は1、2階合わせて960席（現在は1300席）。設計は建築家ポール・トヴルトコヴィック、舞台美術家のショーン・

ケニー（『オリヴァー！』ほか）が受け持った。

残念ながら、時代を先取りしすぎたのか、保守的な傾向の強いイギリス人の好みに合わなかったのか、二兎を追う者一兎をも得ずなのか、劇場の評判はあまりよろしくなかった。話題に残る公演は、リチャード・ギアの人気に頼った『グリース』ぐらいしかないが、これさえ興行的には失敗だった。１９８０年当時、劇場としてまったく機能していなくて、もっぱら会議場やテレビ番組の収録場所として貸し出されていた。

80年11月のある日、ロイド＝ウェバーはアシスタントの女性になんら詳しい説明も受けないまま、ニュー・ロンドン劇場に連れていかれる。彼は館内の音響効果についてでも相談されるのかなと軽く考えていた。ところが彼を待ち受けていたのは、人気テレビ番組「ジス・イズ・ユア・ライフ」の主賓の座であった。この番組は、主役の家族、友人、関係者が次々と登場し、主役の輝かしいキャリアの陰に隠された興味深いエピソードを披瀝《ひれき》するという内容らしい。証言者のなかには遠い遠い縁者、会った記憶もない自称親友なども含まれる。日本にも似た番組がいくつかあるから、だいたいの趣向は想像がつく。

ロイド＝ウェバーの回には当時の妻サラ・ヒューゲル（2番目の妻サラ・ブライトマンとは違うサラ）が出演し、「初デートの際、割り勘のはずが、アンドリューがふたり分払ってくれた」などと、どうでもいいような話をしている。またニューヨークからの中継で出演したハロルド・プリンスは司会者に『エビータ』の次の作品は?と問われ、「知るはずもない」と答えたという(以上およその経緯はMichael Walsh「Andrew Lloyd Webber : His Life and Works」Harry N Abrams Incによる)。

この番組、どうやら知らぬは当の主役だけ、周辺の準備は着々と進められ本番に臨むという段取りらしく、ロイド=ウェバーも騙し討ちに遭ったかに見える。

たとえそうだったにせよ、思いがけぬ収穫もあった。先のウォルシュの著作からも、本番中、ロイド=ウェバーが憮然としていた様子がうかがえるが、番組に熱が入らない分、劇場の機構、内装などにじっくり目を通すことができ、はたと気づく。「ここニュー・ロンドンこそ可愛い子猫ちゃんたちの棲み処にふさわしい」と。

なるほど、この劇場は、回り舞台の使い方ひとつで客席の配置が変わってくるといった斬新な設計が大きな魅力となっている。内装も格式にこだわっていない。ストレートプレイにしろミュージカルにしろ正統性を尊ぶ演目、演出にはそぐわないかもしれないが、『キャッツ』のような過去に例のない革新的な作品にはもってこいだろう。舞台装置だって自由自在に作り上げることも作り込むこともできるだろうから。ロイド=ウェバーはこの劇場と『キャッツ』の相性を直感的に見抜いたものと思われる。

テレビ収録中、ニュー・ロンドンこそ可愛い子猫ちゃんたちの最高の棲み処たり得るとひらめいたというエピソードは、「UNMASKED」にも出てくる。収録後、出演したゲストを交えてのパーティがおこなわれ、当然、ロイド＝ウェバーは主賓の役割を果たさなければならなかったのに、それをほったらかしにして電話でトレヴァ・ナンを捜しまくる。ナンが芸術監督を務めるロイヤル・シェイクスピア・カンパニーの本拠地は、ロンドンから北西155キロメートルのストラットフォード・アポン・エイヴォンだが、その日はロンドンの専用劇場、オールドウィッチ劇場に来ていた。ニュー・ロンドン劇場とは目と鼻の先である。ナンに無理を言ってすぐに来てもらった。ラッキーだった。

ロイド＝ウェバーは劇場支配人に頼み込んで回り舞台を動かしてもらう。舞台が動くと同時に300席の客席が移動し、完全な円型劇場が出現した。思わずふたりは抱き合い、そして叫んだ。「eureka!（見つけたぞ！）」と（英和辞典によると、「アルキメデスが金の純度を量る方法を発見した際の叫び声」とある）。

ロイド＝ウェバー、ナン、そして舞台美術を受け持つジョン・ネイピアらは、それまで劇場その他、『キャッツ』の上演場所を捜し求めてきた。けれどロンドンのどこにも適した空間を見つけることができなかった。ロイド＝ウェバーは明言している。「ニュー・ロンドンなければ『キャッツ』なし」と。

私からすると、ロンドン中捜し回っていながらニュー・ロンドン劇場を見落としていたというのは、ちょっと解せない気がする。ロイド＝ウェバーらはロンドンの劇場事情に精通していたのではなかったか。特にロイド＝ウェバーは『エビータ』公演に先立ってレコード・アルバムを完成したとき、この劇場で大々的なおひろめ試聴会をおこなっている。音響的にも満足していたはずなのに。

「UNMASKED」のなかの、「ジス・イズ・ユア・ライフ」出演のためニュー・ロンドン劇場へ連れていかれた記述でおやっと思うのは、通説とは異なり、テレビのことはわかっていたとしていることだ。

当時、妻のサラは『キャッツ』にのめり込む夫を案じ、彼女自身、眠れず、夜ごと寝言をつぶやいていた。その彼女に精神科医よろしく暗示をかけ、秘密裡に準備していたテレビ番組について聞き出したというのだ。もしすべてを知っていて番組に臨んだとしたら、大した狸《たぬき》じゃなかろうか。

ところでロイド＝ウェバーは、作曲家、プロデューサーのみならず劇場オーナーでもある。ウェストエンドの劇場のなかでもひときわ格調高い雰囲気のロイヤル・ドゥルリー・レーンなど計6つの劇場を所有している。そのひとつに旧ニュー・ロンドン劇場のジリアン・リン劇場もある。２０１８年、新しい劇場名になった。『キャッツ』が呱々《ここ》の声を上げた劇場にこのミュージカルの振付家の名前が冠される――なんとも粋な計らいではないか。

それにしてもロイド＝ウェバーは、いつの間に『キャッツ』ゆかりの劇場をわがものにしてしまったのか。ジリアン・リン劇場のウェブサイトを見ると１９９１年とある。『キャッツ』開幕後10年目ということになる。買収費には『キャッツ』で得た利益も当然入っている（？）。

特別対談　ゲスト＝堀内 元さん（セントルイス・バレエ芸術監督）

ミストフはとてもミステリアスな役柄？

安倍　堀内さんは『キャッツ』のミストフェリーズ役を、ニューヨーク、ロンドン、東京、札幌の3ヵ国4都市で、合わせて約2000回も演じるという大変な記録を作られました。最初はブロードウェイ公演でしたが、ニューヨーク・シティ・バレエ（以下NYCB）のダンサーだった堀内さんが、どんな経緯で『キャッツ』に出演することになったのですか？

堀内　振付のジリアン・リンが、マジシャン猫はバレエで表現したいから、クラシックのテクニックを持ったバレエダンサーを使いたいと言って、ロンドン初演ではロイヤル・バレエのプリンシパルが演じたのですが、翌年のブロードウェイ公演は、NYCBのダンサーで誰かいないかということになり、キャスティング・ディレクターが公演を観に来たんです。それが1981年の暮れで、そのとき『スターズ＆ストライプス』（作曲ジョン・フィリップ・スーザ、振付ジョージ・バランシン）という作品で、たまたま私がアラセゴンド・ターンを何度も回っていたのを観て、この人しかいないと思ったらしく（笑）、私に直接オファーが来ました。

安倍　『スターズ&ストライプス』では、旗を振りながら先頭に立って踊る役でしたね。私も88年のNYCB来日公演で堀内さんが踊られたのを拝見しましたが、とても印象的で、あの作品で堀内さんに目を着けたのはよくわかります。

堀内　ただ当時NYCBのディレクターだったピーター・マーティンスが、ゲンは入団したばかりだし、ブロードウェイは厳しいところだから、NYCBで数年しっかり活動してから、また機会があれば参加したらどうかと。まだ私も18歳で、ピーターも心配だったのだと思います。それで丁重にお断りしたんです。

安倍　ブロードウェイ初演で最初に白羽の矢が立ったのはすごいですよ。でも実際にブロードウェイの舞台に立たれたのは、85年の『ソング&ダンス』が先でしたね。『キャッツ』の次にアンドリュー・ロイド＝ウェバーが作った「ソング」と「ダンス」2部構成の作品で、第1部は「ソング」のみのワンウーマン・ショウ、バーナデット・ピータースがトニー賞ミュージカル主演女優賞を受賞しています。

堀内　その第2部の「ダンス」をピーター・マーティンスが振り付けることになったんです。彼は、私が『キャッツ』に声をかけてもらいながら出られなかったことを申しわけないと思っていたようで、今度は自分が振り付けるから、一緒にやろうと言ってくれました。

安倍 そして91年、ニューヨーク『キャッツ』9周年の年に、いよいよ『キャッツ』にデビューされました。

堀内 猫は9回甦るという〝猫の九生〟という言い伝えに引っかけて、9周年記念公演を大々的にやることになったのですが、当時ミストフェリーズ役はジャズダンサーがやっていて、ジリアンはやはりバレエダンサーを立ててほしいと望んだらしく、もう一度私に声がかかったようです。

安倍 ミストフェリーズは名前からして謎めいています。ジリアンから役についてなにか説明は？

堀内 彼女からはいつも〝ミストフ〟と呼ばれていました。ミストフはミステリアスで、それでいて臆病なところがあったり、また自信満々のときもあるけれど、とてもシャイな面も持っていると言われました。

安倍 ミストフェリーズにシャイな部分があるというのはオリジナル振付家ならではの解釈で、きわめて貴重です。目立つキャラクターの裏に隠れたニュアンスが潜んでいる……。

堀内　直接、振付家からしか聞けない話ですね。踊り継がれるうちに薄れてしまうことが多いですから。

安倍　技術面でも相当レベルが高い役です。

堀内　技術も必要ですが、まずは体力勝負でした。ミストフェリーズは冒頭からみんなと一緒に歌って踊って、最後の最後に自分の大きなナンバーが来るのですが、午後8時開演のブロードウェイではそれが10時15分ぐらいになるので、そこにいくまででもうクタクタなんです（笑）。

安倍　2時間以上、気持ちも体力もキープするのは確かに大変だ。その最後のナンバーでは32回転のフェッテが見せ場でしたね。

堀内　男性がアラセゴンド、つまり2番のポジションで足を横に上げたまま32回も回るのは、『キャッツ』が初めてじゃないでしょうか。その点でもジリアンは斬新で思い切った振付をしたと思います。ブロードウェイの初演ではヒューストン・バレエのダンサーがやりましたが、彼のあとは、歌が歌えてタップが踏めて、フェッテが32回できる人はブロードウェイでもほとんどいなくて（笑）、結局途中で半分の16回になってしまったんです。だからジリアンは、せめて記念公演ではオリジナルの振付でやりたかったのだと思います。

安倍　どれぐらい出演されたのですか？

堀内　バレエのシーズンにはＮＹＣＢに戻って３ヵ月踊り、シーズンオフにまたブロードウェイに３ヵ月間出るという生活を、91年から95年まで、足かけ4年ぐらい続けました。

安倍　クラシックの振り以外に、『キャッツ』独自の特徴的な振付もあったのですか？

堀内　ジリアンの振付は独特です。ジョージ・バランシンの作品などとはまったく違うスタイルで、最初はかなり戸惑いました。まずカウントのとり方が全然違います。バレエは頭のワンにアクセントが来ますが、ジリアンの場合はうしろ、つまりトゥーやスリーに来るんです。それに、バレエのステップは肩を横に広げて踊るのが基本で、背中もまっすぐ伸ばしますが、『キャッツ』はとにかくフロアに密着した動きが多く、肩を上下に動かしたり、背中は丸めたり逆に反ったりします。それがすごく恥ずかしくて、こんな格好をして舞台に出ていいのかと（笑）。もう跳びたくて跳びたくてしかたがなかったので、フェッテや、ジャンプをしながら円を描くように進むマネージなど、バレエのステップになるとほっとしました。

安倍　ジリアンは、猫の独特な動きをかなり研究したのでしょうね。

堀内　洞察力が鋭いですね。猫は生活空間が家のなかで狭いので、犬のように跳んだりはねたりせず、地に着いた動きが多いですが、それをとり入れることで、ジリアンは猫のセクシュアリズムを表現したのではないでしょうか。

安倍　興味深い話ですね。ジリアンは、その振りをまず自分でやってみせるのですか？

堀内　当時60代だったはずですが、いつも真っ白なユニタード姿でレッグウォーマーを着け、バレエシューズをはいてリハーサルをしていたので、ジョーク好きのブロードウェイの人たちは、ジリアンはヴィクトリア役で出演するんだとよく言っていました（笑）。それほど自分の体形と振付への思いが強かったんでしょうか。これがほんとうの振付家の姿だと思って、私もバレエを振り付けるときは彼女にならってタイツをはいてやっていますが、とても勇気の要ることで、日頃からトレーニングしていないとできません。すべての面でジリアンはすばらしい振付家でした。プロデューサーのキャメロン・マッキントッシュは、トレヴァ・ナンの演出も見事だけれど、ジリアンの振付あってこその『キャッツ』だといつも話していました。

安倍　私もマッキントッシュとまったく同意見です。トレヴァ・ナンはジリアンに大いに助けられたのだと思います。お話を伺っていると元さんとジリアンは多分に気が合ったように感じられるのですが、それはふたりにクラシック・バレエという共通するバックグラウンドがあったせいかもしれませんね。

（続く）

バレエとミュージカルはどこかで重なり合う

安倍　堀内さんは、１９９５年までブロードウェイの『キャッツ』でミストフェリーズ役を演じ、同年にロンドン、日本と続けて出演されました。ロンドン版はブロードウェイと同じジリアン・リンの振付ですが、米、英と国が異なると違いもありましたか？

堀内　ブロードウェイが終わってプロデューサーのキャメロン・マッキントッシュに呼ばれ、続いてロンドンにも出ることになったのですが、同じ作品だから大丈夫と思って行ったら全然違うんですよ(笑)。歌も徹底してブリティッシュアクセントに直されました。でもロンドンで改めてジリアンからマンツーマンで指導を受け、ブロードウェイではわからなかった振付の意味が、彼女が振りを作り上げたニュー・ロンドン劇場に行って初めてわかったんです。歌詞に出てくるトテナム・コートという場所や、グリザベラの昇天でタイヤが飛び越えていくラッセル・ホテルも実際に劇場から見えて、雰囲気を身体で感じられました。これはブロードウェイでは経験できません。作品に融け込めたようで嬉しかったです。

安倍　それは得難い体験でしたね。そして劇団四季の『キャッツ』です。95〜96年、品川駅

堀内 港南口のキャッツ・シアターでした。品川と、次の札幌にも出させていただきました。初演の山田卓先生の振付を踊らせていただけるのは光栄でしたが、せっかくなので、浅利（慶太）先生にお願いして、ミストフェリーズのナンバーだけはジリアンの振付で踊らせていただいたんです。でもテンポが全然違うので、浅利先生はわざわざ私のために、その部分の音楽を録音し直してくださって。私も一緒にスタジオに行き、その場で実際に踊りながらテンポを確認しました。

安倍 堀内さんが出演されるときは、最後の見せ場で堀内さん用の曲が流れたのですか？

堀内 そうなんです。アラセゴンド・ターンの部分も、それまでの四季のミストフェリーズは16回転だったので、32回転分に音楽が延びました。でもおかしかったのが、劇団四季のお客様は、ミストフェリーズがグルグル回っているところでタイミングよく拍手してくださるのですが、私がひとりで回り続けているので、いつまで回っているんだろうという感じで途中で拍手がやんでしまうんです（笑）。でも回り終わるとまたワーッと拍手がきました。

安倍 ジリアンの振付は独特だというお話でしたが、四季版ともかなり違いましたか？

堀内 全然違います。ジリアンの振付は、下から上に向かって伸びるようなイメージですが、

安倍　山田卓先生やそのあとの加藤敬二さんの振付は、ジャンプが入ったり、逆に上から下への動きが大きいんです。敬二さんの振り付けたところは、忙しい彼がつきっきりで、「元ちゃん、こうやってやるんだ」と言って、一緒に動きながら教えてくれました。

堀内　堀内さんは、海外でミュージカルに出演されるとき、歌の勉強はどうされたのですか？

安倍　歌はヴォイス・トレーニングのスタジオで、先生についてずっと練習していました。

堀内　NYCB所属のダンサーでいながら、ミュージカルもやってみようと思われたのは？

安倍　父の影響もあったと思います。

堀内　お父様の堀内完さんは、舞踊家、振付家として大変活躍された方です。クラシック・バレエ出身なのにジャズに振り付けた作品もたくさんあります。

安倍　父はミュージカルの振付や演出もしていましたし、浅利先生と仕事をしたこともありました(日生名作劇場『はだかの王様』映画版)。そういう環境で育ったので、ニューヨークに行くならいつかはブロードウェイにも出てみたいという意識があったんです。NYCBのプリンシパルたちがブロードウェイに出ているのを見て、憧れてもいました。

堀内　それになんといってもNYCBには、ジェローム・ロビンスというミュージカルとは縁の深い振付家、演出家がいましたから。堀内さんはNYCBで、このバレエ団の創設者ジョージ・バランシンからも直接指導を受けられたのですね。

堀内 15歳でローザンヌ国際バレエコンクールのスカラシップ賞と振付賞を受賞し、ニューヨークのスクール・オブ・アメリカン・バレエに2年間留学したのですが、この学校はバランシンが設立したもので、そこで彼に認められて、NYCBに入団しました。彼は83年に亡くなったので、一緒に仕事をして、今でも現役で舞台に立っているのは私ぐらいではないでしょうか。

安倍 バランシンはクラシック・バレエをベースに、なにか新しい、アメリカにふさわしいバレエ作品を作ろうと心がけていた人ですね。

堀内 彼がロシアからパリを経てアメリカに来た当時は、アメリカはまだまだバレエの発展途上国で、どうすれば観客にアピールできるかかなり考えたと思います。そのひとつが、私が『キャッツ』に出るきっかけになった『スターズ&ストライプス』です。彼はアメリカ人が好みそうなバレエ作品をたくさん作り、ブロードウェイでも振付をしました。バレエの観客開拓に力を注いだ人だと思います。

安倍 ブロードウェイで『オン・ユア・トウズ』を振付し、バレエとミュージカルの融合を実現した伝説的人物です。ニューヨークではクラシック・バレエとミュージカルは別物ではなく、どこかで重なり合っている気がします。堀内さんのようにNYCBのプリンシパルを務めた人がミュージカルに行っても違和感がありません。

堀内　NYCBではミュージカルも身近でしたし、ダンサーでいながら振付をする機会も与えてもらえました。この環境から得たものは大きかったですね。それが今、セントルイス・バレエで振付をしていることにも繫《つな》がっています。

安倍　現在堀内さんは、そのセントルイス・バレエの芸術監督という立場で活動をされています。芸術上の責任を負うのは当然として、経営にも責任があるのですか？

堀内　もちろんです。経営の問題には、芸術の現場を知っている人間にしかわからないことも多いですすし、もともと芸術面だけでなく経営面でも引っ張っていきたいという気持ちがあって。それは、芸術と経営の両面に長《た》けていらっしゃった浅利先生の影響です。2ヵ月に一度、社外理事の前で経理や宣伝、開発について報告するのですが、その場で怖じ気づかずに振る舞えるのは、浅利先生の姿をずっと拝見してきて、それが大きな自信になっているからだと思います。芸術家としても経営者としても、とても尊敬している方です。

安倍　セントルイスには、バレエのほかにも芸術系の団体がたくさんあるのですか？

堀内　交響楽団やオペラのカンパニーがあります。アメリカには各都市にその土地を代表するいろいろな芸術団体があって、そこは日本と違いますね。

安倍　芸術が人々の生活に根を下ろしていて、市民にはそれに触れることで人生も豊かになるという考えがあるのでしょう。羨ましい環境です。

堀内 だからこそ宣伝のし甲斐もあります。どうやったらマーケティングがうまくいくか、智恵を絞るのは大変ですが、面白いですね。

安倍 今はセントルイスを拠点に、年に一度は東京や大阪でも自主公演をおこない、自ら踊っていらっしゃいますね。

堀内 はい。お陰様でなんとか。

安倍 バレエを通じ、世界と日本の架け橋として国際的に活躍されている堀内さんは、すばらしい仕事をされていると思います。今後もいっそうの活躍を。

ほりうちげん：米国セントルイス・バレエ芸術監督、振付家。ローザンヌ国際バレエコンクールでスカラシップ賞受賞。巨匠ジョージ・バランシンに認められ、アジア人初のニューヨーク・シティ・バレエ入団者となり、プリンシパルにまで昇格。ミュージカル『キャッツ』ではニューヨーク、ロンドン、東京、札幌の公演に出演した唯一のダンサー。２０１５年芸術選奨文部科学大臣賞受賞。

〝馬〟から〝猫〟へ舞台美術家ジョン・ネイピアがたどった道程《みちのり》

アンドリュー・ロイド＝ウェバー（作曲）、トレヴァ・ナン（演出）、ジリアン・リン（准演出・振付）ら『キャッツ』オリジナル・クリエイティヴ・チームの面々について、これまでさまざまな観点からその仕事ぶりを振り返ってきた。原作詩集の作者T・S・エリオットはすでに亡くなっていたので登場場面は少ないが、そのかわりヴァレリー未亡人には重要場面で登場を願っている。これで全員勢ぞろいとしようと決め込んでいたら、どこからかひとり忘れてはいませんかという声が聞こえてきた。

そうです、忘れていました。ジョン・ネイピアです。ロンドン初演のパンフレットでは素っ気なくDesignerとしか記されていないが、このシンプルな肩書きは、舞台装置、衣裳、化粧すべて、こと美術に関しては彼が総元締めだということをむしろ暗示している。

ジョン・ネイピアの起用は、トレヴァ・ナンが演出を打診された際、ナンから照明のデイヴィッド・ハーシーとともに即座に提案された。ミュージカル仕立てのシェイクスピア作『間違いの喜劇』など、ロイヤル・シェイクスピア・カンパニーのナン演出作品を支えてきたふたりである。『キャッツ』を引き受けるなら彼等を連れていくとナンが強く望んだのは、至極当然だろう。

当時、ナンは上演時間8時間半の超話題作『ニコラス・ニクルビーの生涯と冒険』（チャールズ・ディケンズ原作、デイヴィッド・エドガー脚本）の稽古に入っていて、それを抜け出してはロイド＝ウェバー、プロデューサーのキャメロン・マッキントッシュとの話し合いに臨んでいた。『ニコラス・ニクルビーの生涯と冒険』にもネイピア、ハーシーが係わっていたことはいうまでもない。

ジョン・ネイピアの名前が私の頭に刻み込まれたのは、多くの演劇愛好家同様、ピーター・シェーファー作『エクウス』（ラテン語で馬の意味）を観たときだった。幸い私は、劇団四季による日本初演（1975年11月、西武劇場〈現ＰＡＲＣＯ劇場〉、倉橋健訳、浅利慶太演出）以前に、ロンドンのオリジナルの舞台を観る機会に恵まれた。あれは73年のことだったか。

ざっとこんな芝居である。17歳の少年が6頭の馬の目を刺し盲目にした。その少年アランはどのような闇を心に秘めていたのか。精神科医とアランとの対決がドラマの主軸をなす。一個人にとって家族にとって社会にとってなにが正常でなにが正常でないのかが問われる。

一流の推理小説そこのけのスリリングな展開だった。

製作ナショナル・シアター、演出ジョン・デクスターによるオリジナル・プロダクションの劇的躍動感、俳優たちの迫真の演技が今なお忘れ難い。

この芝居の見どころのひとつは俳優の演じる馬の造形である。作者のシェーファーは台本のなかで次のように細かく指示している。

「俳優たちは栗色、ヴェルヴェット地の運動着を着ている。手袋も同色。靴は金属製で馬の足の形をしている。10センチメートルの高さのところによく目立つひづめ。頭には銀色の鉄線と皮で編んだ頑丈な被りものを着ける。目には皮製の目隠し。ただし俳優たちの頭は透けて見える。絶対に頭を隠してはならない」

ネイピアはこれらの条件を見事クリアし、俳優を馬に変身させてみせたのである。

彼の創造した馬たちは今なおその輝かしい斬新さを失うことがない。ユーチューブでた易く出会うことができるので、ぜひ一度確認していただきたい。とりわけ馬の頭の部分は一種のwire sculpture（鉄線の立体美術）としても鑑賞に耐え得るものだ（なお四季版では美術に関するクレジットは装置＝藤本久徳、衣裳・マスクデザイン＝金森馨となっている。台本の指示に従っているものの、ネイピア・デザインと必ずしも同一ではない）。

ところで、トレヴァ・ナンの口からジョン・ネイピアの名前が飛び出したときのロイド＝

している。

ウェバーの反応である。のちに「UNMASKED」のなかで次のようにそのときの気持ちを記している。

「ジョンは『エクウス』で人間を馬に変えてみせた。猫だってやれるだろう」

ネイピアなら俳優を馬にだろうが猫にだろうが変えることができる——瞬間的にそう思ったロイド＝ウェバーの気持ちは私にはよくわかる。それほど、『エクウス』でのネイピアのデザインは衝撃的で記憶に残るものだったということだ。

ところでナンはあるインタビューで次のように語っている。

「当時、楽屋裏で、われわれが子猫ちゃんのショウをやるらしいっていう冷やかし半分の噂が駈け巡っていたけれど、私自身はできる限り噛み応えのある作品に仕立てようと決意していた。『長靴をはいた猫』パントマイム版のようなものには絶対にしないと。私には考えがあったし、そばには鉄線使いの名デザイナーがいたし。花や転換用の幕などいらない。ああいうものを使ってずいぶん失敗してきたからね」（傍点、安倍）

「お陰様で『キャッツ』は大胆不敵、想像力に富んだ作品になった。馬鹿でかいゴミ捨て場兼子猫ちゃんたちの遊び場も作ることができたし」

『キャッツ』を実現するに当たって〝船長〟役のトレヴァ・ナンがいかにネイピアを頼りにしていたか、演出家としての本音がストレートに伝わってくる。

『エクウス』の装置はボクシング・リングを思わせるきわめてシンプルなもののみ。逆に『キャッツ』は大小さまざまな廃棄物が山のように積み上げられている。すこぶる対照的だけれども、両方のセットに共通するのは美しい花に象徴されるような華美さがないということである。

最近の舞台はストレートプレイ、ミュージカルを問わず、場面転換に幕を下ろしたり引いたりすることのほうが珍しいけれど、たぶん、80年代前半あたりまでは当たり前のように用いられていた手法ではなかったか。そのせいでスリリングな劇的展開がしばしばストップさせられたものだ。この弊害をいかにとり除くか。ナンは、『ニコラス・ニクルビーの生涯と冒険』でも、ネイピアとともにこの至上の命題と格闘していたはずである。ふたりの苦労と成果が『キャッツ』でも活かされていないはずがない。

『キャッツ』の大ヒット以降、ネイピアは一躍売れっ子になる。ウェストエンド、ブロードウェイで係わった主な作品を挙げておく。『レ・ミゼラブル』『ミス・サイゴン』『スターライト・エクスプレス』『サンセット大通り』……。

実は私もこの著書の各章を書き進めるに当たり、ジョン・ネイピア氏にすこぶるお世話になった。氏自身が撮影した『キャッツ』舞台写真集「CATS : The Book of the Musical」をなにかにつけ参照したからだ。写真のほか、いくつかの猫たちのスケッチ画も見ることができる。『キャッツ』についての視覚的な参考文献としては最高のものではなかろうか。

キャッツ・ワールドに
プロセニアム・アーチはいらない

『キャッツ』のブロードウェイ初演が開幕したのは今から40年以上前の１９８２年10月７日、ウィンター・ガーデン劇場であった（２０００年９月10日まで続演）。この異色のミュージカルの上演劇場にウィンター・ガーデンが選ばれたと聞いたとき、私は腰を抜かすほどびっくりしたものだ。この劇場では『キャッツ』のひとつ前にかの『オセロ』が公演されていて（１９８２年２月３日〜５月23日）、たまたま観たその舞台の印象がすこぶる強烈だったからだ。今も、オセロ役ジェームズ・アール・ジョーンズの存在感、イアーゴ役クリストファー・プラマーの軽妙洒脱《しゃだつ》ぶりが忘れ難い。

私にすれば、シェイクスピアを堪能した劇場が『キャッツ』にふさわしいと思えなかったのだろう。

ウィンター・ガーデンはウェストエンドの猫たちの棲《す》み処《か》ニュー・ロンドン劇場とかなり趣を異にする。前者が１９１１年開場、20年代前半、現在の仕様に変更されたかなり古い劇場なのに比して、後者は73年開場のロンドンでは珍しく新しい劇場なのだ。

さらにはニュー・ロンドンがプロセニアム・アーチを持ちながら円型劇場としても機能し得るのに対し、ウィンター・ガーデンはプロセニアムのある昔ながらの劇場としてしか機能し得ない。『キャッツ』という特別の出しもののために構造、機能の異なるふたつの劇場を改造する――これが大仕事でなかったはずはない。とりわけ古色蒼然、旧態依然といった趣のウィンター・ガーデンでは大いにてこずったろう。

劇場改造の責任者は舞台美術を引き受けたジョン・ネイピアである。彼は劇場機能というハード面、舞台美術というソフト面両面で腕をふるったことになる。

先に、本書のなかでネイピアが自ら撮影した舞台写真集「CATS : The Book of the Musical」に軽く触れたことがあるが、この迫力ある写真集に「猫たちのための巨大な遊び場」という解説文が載っている。ネイピアの談話をまとめたものか。示唆的な内容でとてもためになる。ウィンター・ガーデンでの苦労話がいっぱい出てくる。

ネイピアには『キャッツ』の舞台美術面について仲間たちと議論を始めた頃から、これだけは譲れないと心に決めていた大前提があった。それは、前奏曲が鳴り始める以前から場内にこの出しもの独自の雰囲気が醸成されていて、観客はおのずとその雰囲気に飲み込まれてしまう――そのような幕開けが可能な劇場が欲しいという強い思いである。さらにネイピアは、場内環境と舞台美術の力によってこの理想のオープニングを実現するに当たって、ステージと客席を隔てるプロセニアム・アーチほど邪魔なものはないということも、よく承知していたようだ。

ブロードウェイ公演ではプロデューサー陣にロンドンのふたりアンドリュー・ロイド＝ウェバー、キャメロン・マッキントッシュに加えて、シューバート・オーガニゼーション、デイヴィッド・ゲフィンが名を連ねた。シューバートは全米一の劇場オーナー、ゲフィンはタレント・エージェンシー、映画・音楽プロデューサー、それぞれ名だたる存在として知られる。とりわけシューバートは劇場確保の点で大きな力を発揮したことだろう。ウィンター・ガーデンがシューバート傘下の有名な劇場なのは、もちろん言うまでもない。

先の写真集の解説文から引用する。

「ウィンター・ガーデン劇場はこの公演の舞台装置のために大幅な改造がおこなわれた。それは猫たちのための巨大な遊び場を作り上げることだった。観客は場内に一歩踏み込んだだけでたちまち装置にとり囲まれてしまう。しかもその装置は観客の頭を超え2階席にまで達している。デザイナーのネイピアは『キャッツ』にふさわしい完璧な空間を作り上げた。お陰で観客はあるひとつの世界に誘われることになる。そこには現実にあるものが並べられていながら魔法で作り出された幻想の世界である。最初、観客は幾分戸惑い気味かもしれない。

しかし、間もなくなにが起こるの、どうしてそうなるのと驚きのまなこで見詰めるようになるだろう」

ネイピアの手によってウィンター・ガーデン劇場の内部はどのように様変わりしたのであろうか。スタンリー・グリーン著、青井陽治訳『ブロードウェイミュージカルのすべて』（ヤマハミュージックメディア）に次のような記述を見つけた。

「信じられないほどのエナジー、輝き、想像力をみなぎらせて、猫たちのファンタジーのブロードウェイ版は、手の込んだ環境演出でウエスト・エンド版を上回る体験となった。ウインター・ガーデンのロビーから客席まで、内部全体が巨大なごみ捨て場に改装され、観客の目を奪うのは、猫の目で見た大きさのゴミがあふれる客席、プロセニアム・アーチのない舞台、そして低く下った天井には電球の光がきらめき、猫の目と空の星を思わせる」

ちなみにグリーンは、長年にわたる目利きのブロードウェイ・ウォッチャーとして著名な人物である。

グリーンは「プロセニアム・アーチのない舞台」と断言しているが、それ自体をとりはずせるわけもないから、ネイピアはうまく隠したのか。私自身、この劇場で何回か『キャッツ』を観ていながら、そのあたりを正確に観察してこなかった。今となっては痛恨のきわみだ。

ネイピアが『キャッツ』に係わるなかでとりわけ神経を使ったことのひとつに舞台と客席

との距離感がある。舞台のキャッツ・ワールドが観客に親近感をもって受け入れられるように、また観客がなんのためらいもなく舞台空間に融け込めるように工夫することである。日本語に「指呼《しこ》の間《かん》」という言葉があるけれど、彼が目論んだのはまさにそれではなかったか。この目的のために張り出し舞台、隠れた穴ぼこの出入り口などさまざまな工夫を凝らした。客席の配置も大幅に手を入れた。

ネイピアの狙いは、舞台と客席の物理的な距離そのものではなく心理的な距離感を縮めることだったに違いない。すなわちキャッツ・ワールドと観客の感覚的な一体化である。この一体化がプロセニアム・アーチのある既存の劇場では実現できるわけがない。

ネイピアが舞台と客席の距離感にこだわったのは、双方の間隔があまり離れてしまうと、『キャッツ』という作品独自のユーモア感覚が伝わりにくいと判断したせいもある。確かにこのミュージカルに登場する猫たちの多くからユーモラスな性格、動作が感じられる。それらはすべてT・S・エリオットの原詩から受け継がれたものである。ないがしろにするわけにいかない。

もうひとつ彼がこだわったのはダンスのためのスペースである。迫力あるダンス場面を『キャッツ』の売りのひとつにしようという考えが、ロイド＝ウェバーの頭にあったので、自由に踊れる広々とした床を用意しなくてはならなかったからだ。

それにしても舞台と客席はできるだけ近づけ、舞台そのものはたっぷりと広めにとは、かなり両立困難な課題だったのではなかろうか。

ネイピアさん、縁の下ならぬ舞台床下の力持ち、ほんとうにご苦労様でしたね。

四季と手を携え、情報誌からインターネット・チケット販売にジャンプする

安倍　矢内さんは、１９８３年の『キャッツ』日本初演に、コンピューター・システムによるチケット販売のパイオニアとして携わられた功労者です。その経緯と当時の状況を伺いたいと思います。矢内さんが情報誌「ぴあ」を創刊されたのは72年のことですね。

矢内　はい、お陰様で２０２２年には創業50周年を迎えました。

安倍　その当時、劇場のチケットは各劇場の窓口か街のプレイガイドでしか買えませんでした。

矢内　プレイガイドは、銀座、渋谷、新宿など都内に10軒ほどあって、興行元がチケットの現物を各店舗に持ち込んで売ってもらっていました。横の連繋《れんけい》がなく、１軒で売り切れてもほかの店では残っていることもありました。

安倍　そんな状況のなか、映画・演劇・コンサートの情報誌を手掛けていた矢内さんがチケット販売に進出するきっかけはなにだったのですか？

矢内　キャプテン・システムという新しい情報伝達の仕組みを、郵政省と電電公社(現NTT)が共同開発して実証実験を始めると聞き、1979年にぴあも情報提供者になったんです。そこでこれからはコンピューターのネットワークを通じ、自宅にいながら情報を得る時代になると知って、それならチケット販売にも利用できるはずだと考えました。もともとチケットは、いつどこで誰がなにをやっているかという情報が紙に印字されたものなのです。データを入れれば遠くからでもアクセスできて情報が見られる、さらにそれをプリントすればチケットになる……。そういう予測を立てたわけです。

安倍　確かに読者からすれば、雑誌「ぴあ」で情報を得て、これを観たいと思ったら次の行動はチケットを買うことですからね。そのシステム開発にも電電公社が関係してくるのですか？

矢内　電電公社との共同開発です。彼等は電話回線を日本全国に張り巡らせ、各家庭を繋《つな》いでいましたが、利用されているのは電話通話だけで99パーセントの回線は使われていない。これはもったいないと。そこでアメリカに行き、活用方法をリサーチしたんです。そのなかにチケット販売があって、電電公社のほうもぴあさんがやってくれるなら一緒に開発しましょうという話になりました。

安倍　そこから83年の『キャッツ』のチケット販売に繋がっていくわけですね。

矢内　いや、84年4月スタートを想定していたので、82年頃からシステム開発が始まったのですが、そこへ浅利（慶太）さんが突然訪ねて来られたんです。83年の春ぐらいですね。『キャッツ』開幕は11月11日なので、その半年ほど前、まだ製作発表すらされていなかった頃ですね。

安倍　面識はあったのですか？

矢内　日本精工会長で財界の大立て者だった今里広記さんが当時ぴあの相談役でもあり、〝チケットぴあ〟の構想を話したところ、今後お世話になる人たちに私がフグで一席設けるから、名前を出しなさいと言ってくださって、そこに浅利さんも入っていました。ほかには東映の岡田（茂）さん、東宝の松岡（功）さん、松竹の永山（武臣）さん、キョードー東京のタツ永島（永島達司）さん、渡辺プロダクションの渡辺晋さんら、業界のお歴々が皆さん集まってくださって。

安倍　今里さんはなぜか芸能界にも顔の広い方でしたね。

矢内　83年の春に訪ねて来られたとき、浅利さんは、今度『キャッツ』というミュージカルを上演することになって、日本でもロングラン興行を実現したいと考えている。ついては、例のコンピューターでチケットを売るシステムと連繫したい、力を貸してほしいとおっしゃいました。ロングランの成功に必要な条件は3つあって、ひとつ目はいいコンテンツ、ふたつ目はロングラン可能な劇場、そして3つ目がコンピューターのチケッティング・システムだと。こんなことを言った人は初めてでした。でもそのときはできませんとお断りしたんです。

安倍 システムの開発が間に合わないと。

矢内 ええ。84年の営業開始に合わせたスケジュールを半年も早めるのは無理だと思いました。ところが浅利さんはその後も二度三度といらっしゃるんですよ。私も気持ちが動いて、システムの担当者たちとも検討を重ね、『キャッツ』のチケットを売るためだけの片翼飛行で、83年10月からチケット販売を始めることができました。浅利さんの作戦は慧眼《けいがん》だったと思います。結局3ヵ月分の前売りチケット約10万枚を、たった3日半で売り切ったわけですから。

安倍 ブロードウェイでも、82年の『キャッツ』からコンピューター・システムが稼働し始めたんですよ。『キャッツ』は650万ドル、日本円で16億円強売れたという記録が残っています。それにしても矢内さんにとっては、予定を半年も前倒しして、想定外の問題が起こらないか、心配や懸念もずいぶんあったでしょうね。

矢内 細かいことはいろいろありました（笑）。前売り開始の前日だったか、キャッツ・シアターのそばの売り場で、それまでうまくいっていたシステムが急に動かなくなって、電電公社の人まで総出で調べたところ、近所にあった変電所の電圧が影響していたんです。大変なこともありましたが、『キャッツ』初演の大成功は、ぴあにとっても大きなプロモーションになったと思います。85年の大阪公演、88年の名古屋公演にもついて行きました。チケットぴあも、『キャッツ』とともに成長していったんです。

安倍 矢内さんは出版というメディアと、チケット販売というビジネス、ふたつの異分子を繋げるという、ほかの誰もやったことのない画期的なお仕事をされたということですね。

矢内 そうかもしれません。東京初演が一段落して浅利さんと飲んだとき、「俺と矢内君は戦友だ」と言われたんです。浅利さんにしても、『キャッツ』初演とあざみ野に稽古場を作ったことが重なり、大きなチャレンジをされた。ぴあはぴあで出版事業からチケット販売・流通という新事業に乗り出した。どちらも新たなチャレンジが成功に結び付いたわけです。

安倍 浅利とはいろいろ交遊があったのですね。

矢内 大阪が開幕したあと、四季は劇場を自前で持つべきですとお話ししたこともあります。浅利さんは、劇場経営はもうからないから、それはないとおっしゃってね。それでも、四季が毎日使えば問題ないし、浅利さんを応援してくれるスポンサーに協力を求めたら実現できるはずだと言ったら、次にお会いしたとき、劇場を作ることにしたと（笑）。

安倍　でも年下の言うことを聞くのは初めてだとおっしゃっていたのが、印象に残っています。それが今では、全国に7つの専用劇場を持っているわけですから。『キャッツ』自体、まさか21世紀になっても上演され続けているほど人気が出るとは、初演時は予想だにしませんでした。

矢内　そうですね。『キャッツ』は劇団四季にとってもぴあにとっても大きな一歩でした。

安倍　チケット販売も含め、『キャッツ』は興行界にひとつの革命をもたらしたと言ってもいいのではないでしょうか。矢内さんはその大きな一翼を担われたのです。

やないひろし：ぴあ株式会社代表取締役社長。1950年福島県いわき市生まれ。72年、中央大学在学中に情報誌「ぴあ」を創刊。74年、ぴあ株式会社を設立し、社長に就任。84年「チケットぴあ」をスタート。2002年東証二部、03年東証一部に上場。「ぴあ」休刊後の18年、「アプリ版ぴあ」を創刊。20年には横浜・みなとみらいに約1万2000人収容の「ぴあアリーナMM」をオープン。

ブロードウェイのテレ・チャージ・システムは、『キャッツ』から始まった

興行には当たった、当たらなかったという評価が付きまとう。この問題について『キャッツ』ブロードウェイ初演版（１９８2年10月7日開幕）を例にとって少しばかり考えてみたい。ブロードウェイというミュージカルの〝聖地〟において、『キャッツ』登場以前と以後とでは〝当たる〟という興行の実態、判断基準などがまったく違ってしまったからだ。

ブロードウェイの興行上の数字は、プロデューサー、劇場所有者・運営者の集合体ブロードウェイ・リーグの公式ウェブサイトから容易に確かめられる。演目、劇場ごとの成績が週ごと（火〜月曜）、売上総額、総入場者数、総座席数に対する観客数のパーセンテージなどの項目別につまびらかにされている。これらのデータはウェブサイト登場以前から業界誌「ヴァラエティ」で公表されていた。

そもそも『キャッツ』以前、ブロードウェイでのヒットの基準はなにによって判断されたのだろうか。もっとも端的な判断材料は、初日翌日、その公演がおこなわれている劇場窓口

に切符を求めて並ぶ人々の行列の長さだった。

行列の長さは多分にその日の朝刊、とりわけニューヨーク・タイムズの劇評次第だったと思われる。褒め方次第ではその行列は何週間も何ヵ月も続くことになる。もちろん作品の内容、作り手や出演者の顔ぶれなどが事前の情報としてどれだけ広く知れ渡っているかとか、パブリシティの浸透具合も少なからず関係してくる。しかし、なんといっても興行を大きく左右したのは初日翌朝の劇評であった。そのあたりの有様は映画『イヴの総て』、それをもとに劇化されたミュージカル『アプローズ』にいとも鮮やかに描き出されている。確か『アプローズ』にはニューヨーク・タイムズの劇評家を〝神〟にたとえる科白《せりふ》があった。

大平和登著「ブロードウェイPART2—1981〜1985」(作品社)に「猫の秋」と題された『キャッツ』ニューヨーク版初演時のレポートが収められている(82年10月15日記という但し書きあり。初出は「キネマ旬報」)。このオン・タイムの生々しい現地報告はそれまでのブロードウェイの公演と『キャッツ』との著しく異なる点を列挙していてすこぶる興味深い。

まず製作費450万ドル、宣伝費35万ドルという数字を挙げ、いずれも異例の高額としている。82年は1ドル約250円というレートであったから、それぞれ約11億2500万円、約8750万円という金額になる。ただし当時のブロードウェイの平均的出費額と比べどのくらい差があるのか、私には判断するだけの材料はない。

もっとも、使用されるウィンター・ガーデン劇場を4ヵ月以上も休館にし、大規模改造をおこなったこと、フラッグ広告を付けた飛行機を夏場の海水浴場上空に飛ばしたことなどを知ると、出費が嵩《かさ》んだであろうことはじゅうぶんに想像がつく。猫の目とCATSという文字だけのいわゆるティーザー・アドも話題になったようだ。大平氏のレポートから引用する。

「ブロードウェイの興行というのは、在来、初日を開けるのが勝負で、全てはそこが大きな起点になって、それから一週間以内に、ロングラン態勢が固められるのが普通だ。今回は、ただ架空の、プレビューさえない前宣伝で本興行の勝負を決したのである。たくさんの劇場、興行分析者があきれたのは無理もない」

『キャッツ』ニューヨーク公演はそれまでのブロードウェイの慣習を破り、初日を迎える以前から製作費、広告費などに大枚をはたくなどして大胆な勝負に出ていた。その役割を果たしてきたのはプロデューサーの一角を占めるシューバート・オーガニゼーションである。

もちろん創作面ではロンドン初演に引き続き、アンドリュー・ロイド＝ウェバー、トレヴァー・ナン、ジリアン・リンらが責任を持ってことに当たっていたであろう。しかし、製作面ではロイド＝ウェバー、キャメロン・マッキントッシュらロンドン勢が引き下がり、地元のシューバート・オーガニゼーションが前面にしゃしゃり出てきたきらいが多分にある。もちろん上演劇場がシューバート傘下のウィンター・ガーデン劇場だという事情もあったろう。だがそれ以上にこの大博打を確実にする強力な武器を隠し持っていたことが、シューバートを製作陣の中心的存在に押し上げた大きな要因だったに違いない。大平氏はそれをシューバートの秘密兵器と呼び次のように書いている。

「すくなく共、私にはそれが大きな秘密兵器とみえる、目立たないひとつのシステムがある。それはシューバートが確立したコンピュータを使った電話による切符販売システム（テレ・チャージ・システム）である。（中略）何十という電話予約が、数分おきに間断なく同時に処理され、数字的に選別され、記録され、窓口へと処理されてゆく。朝八時から夜中まで、このシステムが動いている限り、一人の客をも無駄にしない。（中略）ニューヨーク電話局との連合によるこのコンピュータによる切符前売り制度が果たしている省力化、能率化、効率化、利益性は、計り知れないものがあるように、私にはみえるのである」

今、世界中の観客がコンピューターによる販売システムを利用して、あらゆる公演の入場券を入手している。その端緒が『キャッツ』ブロードウェイ公演だったとは、演劇史・興行史上の意味合いからしても感慨深いものがある。『キャッツ』のミュージカルとしての革新性とテレ・チャージ・システムのビジネス・ツールとしての先端性が、図らずも共鳴し合っているように見えるからだろう。

大平レポートによると、『キャッツ』の前売りは83年4月分まで完売し、売上総額約650万ドル（先ほどの1ドル250円のレートで換算し約16億2500万円）に達したという。いつの時点での数字か不明だが、原稿執筆時から推定して10月初旬から中旬にかけてのデータとみて間違いなかろう。

この前売りのすばらしい成果は、明らかに多数の観客がシューバートの秘密兵器を利用した結果にほかならない。劇場窓口を中心とした販売だったら膨大な数のお客様をさばくことは不可能なはずだ。

観客層の中身にも大きな変化があったのではないか。劇評を気にするコアなブロードウェイの観客にプラスして、電話予約ができるのなら劇場に足を運ぼうかという気になった新観客層が急増した……？

断るまでもないが、念のため。大平和登氏言うところの「秘密兵器」、すなわち「コンピュータを使った電話による切符販売システム（テレ・チャージ・システム）」は、１９８２年、ブロードウェイでの『キャッツ』興行で導入されて以降、急速に進歩を遂げた。

今や劇場の切符は誰もが手元のスマホやパソコンからネットを通じて購入するのが当たり前になっている。

初日の翌朝、新聞の劇評を読んで劇場窓口に駆けつける熱心な観客層は、現在、ブロードウェイにどのくらい残っているのだろうか。

ちなみに『キャッツ』第1次ブロードウェイ版は、通算7485回の上演記録を残し、2000年9月10日に閉幕している。ブロードウェイ・ロングラン記録としては23年4月の時点で第5位に位置する。第1〜4位は『オペラ座の怪人』、『シカゴ』再演版、『ライオンキング』、『ウィキッド』である。

『キャッツ』第2次ブロードウェイ版（16年7月31日〜17年12月30日。通算593回）はなぜかきわめて短命であった。

なぜか『キャッツ』には円型の舞台美術が多い

大平和登著「ブロードウェイPART2」には1982年の『キャッツ』ニューヨーク初演を巡ってふたつの現地報告が収められている。ひとつは前章で紹介した〈猫の秋――ブロードウェイ戦線異常あり〉、すなわち莫大な宣伝費や「コンピューターを使った電話による切符販売システム（テレ・チャージ・システム）」についてのレポート、もうひとつは〈SFミュージカル「キャッツ」〉、出来上がった舞台そのものについての論評である。

「どだい、のっけから、照明の大きな輪が、さながら『未知との遭遇』の宇宙船のように、まぶしい発光を照らしながら、舞台から上へとつり上げられる。（中略）

トレヴァー・ナンが創った猫の世界は、だから、エリオットの詩にあるウィットよりも、スピルバーグ監督が創ったスペース・ファンタジーを借りたSF空間の劇場的設定に特徴があり、その意味で、この舞台はあきらかにSFミュージカルと呼ぶべきものである」

なるほど『キャッツ』には「天上への旅」の歌詞に登場するheaviside layer（電離層の一部）

という単語ひとつとっても、多分にSF的空想を膨らませてくれる要素がある。キャッツ・ワールドそのものが異次元的世界でSF的という見方だってできる。世のなかには『キャッツ』のなかにSF的要素を発見し楽しんでいる観客が意外に多いかもしれない。

実は『キャッツ』をSF的視点から論じている演劇評論家がもうひとりいた。扇田昭彦氏である。氏は劇団四季による日本初演版（83年11月11日〜84年11月10日）について次のように論評している。著書「ビバ！ミュージカル！」（朝日新聞社）より引く。初出は雑誌「ミュージカル」83年創刊第5号。

「（前略）初日を東京・新宿西口に新設されたテント劇場『キャッツ・シアター』で見ながら、私がまず連想したのは、スティーヴン・スピルバーグ監督の映画『未知との遭遇』（一九七七年）と『E・T』（八二年）だった。天井から空飛ぶ円盤そっくりに円形に配列された照明器具がまばゆく輝きながら下りてくるシーンや、永遠の生命を与えられる老いた娼婦猫グリザベラ（久野綾希子）が長老猫とともに白い煙を噴出する円盤型のタイヤに乗って天に昇っていくクライマックスの見事な場面『天上への旅』に接して、『未知との遭遇』の大詰めのあの巨大で壮麗な円盤が出現するシーンを思い浮かべるのはごく自然だろう」

大平氏もまたラストシーンについて次のように書いている。

「しかし、圧巻は巨大なる古タイヤが舞台の奥から舞台の中央を裂いて中央に動力でせり出され、それがジェット噴射をともなって中空に吊りあげられ、天国への階段に連なってゆく終幕前の大きな見せ場である。かつて『ジーザス・クライスト・スーパースター』で、キリストの昇天場面を動的に仕掛けたトム・オーガンの舞台があったが、ここでは、それが一歩すすめられて、更に宇宙空間的に処理されている」（傍点、安倍）

扇田氏は日本版についての、大平氏はニューヨーク版についての論評だが、両氏ともほぼ同じような印象を綴っていて興味深い。さらに扇田氏はこれまでになかった論旨でこのミュージカルの内奥に踏み込んでいく。昇天するタイヤをはじめとし、このミュージカルには円型の大道具、小道具があふれているが、いったいなぜ？　気がつけば舞台そのものも丸いし、背景に昇る月も満月ではないか。

扇田氏が援用するのは、ＵＦＯ（未確認飛行物体）に関するかのカール・グスタフ・ユングの考察である。ユングによれば、古来、人間は全一性、完全性を備えた存在（たとえば唯一神か？）を求め続け、円環をそのシンボルと見做《みな》したふしがある。それを裏書きするかのような「神はひとつの輪」という古い言い伝えもあるという。

それならば、たとえ想像上の産物だとしても円環として認識されているＵＦＯも神、あるいは神に近い存在かもしれない？　ユングはＵＦＯを「神の象徴」と位置付けているそうだ。

たまたま読んだユング著「空飛ぶ円盤」（松代洋一訳、朝日出版社）に共感した扇田氏は、この推論をさらに一歩進めて『キャッツ』にも適用できないかと考える。すでに紹介したように氏は、「天井から空飛ぶ円盤そっくりに円形に配列された照明器具」「老いた娼婦猫グリザベラ（久野綾希子）が長老猫とともに白い煙を噴出する円盤型のタイヤに乗って」などと書いている。UFOから『キャッツ』のさまざまな造形物へ、あとはもう軽くひとっ跳びだ。「円環のイメージにあふれるこのミュージカル『キャッツ』は、T・S・エリオットの猫の詩を踏まえて都会に住む猫たちの生態を活写しながら、同時に猫と人間を超えた大いなるものと結ばれたい、救済されたいという人々の願望をすくいあげる舞台にもなっていると私は思う」

そしてさらに大胆にこう踏み込む。

「その点、地球的規模を超えた宇宙的な愛と優しさを体現する異星人（E・T）につながりたいとする『未知との遭遇』『E・T』のモチーフは、『キャッツ』とも親密に響きあうのである。言い換えれば、『神』が失われたこの時代に、人々の救済願望、大いなるものとの一体化願望の方向を、不在の『神』から『宇宙』へと切り替えたのが『キャッツ』ではないかと思われるのだ。いわばこれは一種のSF的信仰劇である」

神不在の現代において神のかわりに人々の救済願望を満たしてくれるのが宇宙であり、それを舞台上で具現化したのがほかならぬ『キャッツ』だとすれば、一種の〝SF的信仰劇〟

と読んでもおかしくない——というのが扇田氏の論旨と思われる。氏はこの舞台にキリスト不在のキリスト教劇を見たのだろう。それにしてもSF的信仰劇とはよくぞ名付けも名付けたり。

扇田氏の論評はきわめてユニークで説得力もじゅうぶんある。しかし、私はオリジナルの舞台美術を先導したジョン・ネイピアがどこまで円環、円型の持つ意味合いについて考えを巡らせていたか、どうしても気になってしまう。果たして、多用した円型のデザインに神という存在の暗喩を込めるつもりがあったかどうか？

確かに原詩集「ポッサムおじさんの猫とつき合う法」の作者T・S・エリオットは、「宗教はアングロ・カトリック（英国国教聖公会の一派）」と明言するキリスト教信者であった。エリオットに詳しい演出のトレヴァ・ナンがネイピアになんらかの示唆をあたえたということなら、じゅうぶんあり得るかもしれない。

今は昔、83年11月11日、『キャッツ』日本初演の初日パーティで、扇田氏は遠藤周作氏と立ち話をしている。遠藤氏は「これはもうほとんど宗教劇だな」という感想を残していたそうだ。キリスト教を主題にした多くの優れた小説を残している遠藤氏だけに、この言葉は重く響く。キリスト者としての立場に立った『キャッツ』論、遠藤氏にぜひ書き残していただきたかった。

それにしても『キャッツ』は多面体である。キリスト教やSFの観点から論じることができるなんて、私は思いも及ばなかった。今は亡き大平和登、扇田昭彦両氏の見巧者ぶりと言おうか、その視点のユニークさにちょっとばかり驚いている。

特別対談　ゲスト＝飯野おさみ（日本版初演ミストフェリーズ役）

60年代アイドルから初代ミストフェリーズへの転身

安倍　飯野おさみさんは『キャッツ』日本版初演（1983～84、キャッツ・シアター）のミストフェリーズです。初演時の舞台の裏表についていろいろ伺いたいと考えていた矢先、オリジナル・キャストのひとり、グリザベラを演じた久野綾希子さんの訃報に接しました。ご冥福をお祈りするとともに飯野さんからデコちゃん（本名秀子にちなんだ愛称）の思い出話をお聞きしたいと思います。

飯野　コロナ禍以前は年に一度、亡くなった服部良子さん（オリジナル・キャストのジェニエニドッツ）の命日に昔の仲間が集まるとき、久野さんにもお会いしていました。ただこの2年間は機会がなく病気のこともよく知らなくて、ただただショックです。誕生日が、僕が8月23日、彼女が8月24日で1日違いという縁もありました。僕より5つほど若いということもあり、とても残念です。

安倍　グリザベラとミストフェリーズは、お互い同士、密接にからむ役どころではないけれ

飯野　ど、どこか深いところで結ばれている——私はそういう印象を受けます。直接、なにか声をかけたりはしない。でもグリザベラが昇天するときは大きなタイヤの上に乗ってじっと熱い視線を送り続けるんですよ。そうそう、あるときこの場面で僕がむせてしまい咳が止まらない。幕が閉まってから久野さんにえらく怒られたなあ。ミストフェリーズとしてはあの激しいダンスを終えエネルギーを消耗し切ったあとですから、ままそういうことが起こるんです。

安倍　デコちゃんとはそうとう長いおつき合いでしたよね。

飯野　最初の出会いは越路吹雪さん主演の『アプローズ』(72)でした。あの舞台が彼女も僕も四季デビューではないでしょうか。彼女は陰コーラス、僕は一応役をもらっていたので(越路演じる大女優マーゴの専属ヘア・ドレッサー、ドゥエイン)、舞台上での出会いはありませんでした。

安倍　ふたりは四季の重要なレパートリーでなんども共演(競演?)していますよ。『ウェストサイド物語』(77)のリフとマリア、『コーラスライン』(79)のマイク、ディアナ……。

飯野　そして『エビータ』(82)のチェとエビータがあります。

安倍　デコちゃんの歌う「Don't Cry For Me Argentina(共にいてアルゼンチーナ)」には心

揺さぶられました。

飯野 久野さんは公も私もまじめ一筋でした。浮いたところがまったくないというか……。

安倍 舞台でも日常でも親しみやすく、また凛としたところ、両方ありましたね。さてそろそろ、飯野さんが歩んでこられた道程《みちのり》について伺いたいと思います。歌手・俳優としての出発点はアイドル・グループの先駆けジャニーズでした。ジャニー喜多川さんが手掛けたグループ第1号です。人気グループとして絶頂をきわめた上、劇団四季の一員となる。かなり異色のキャリアとお見受けします。ジャニーさんと出会った当初は野球を教えてもらっていたのですね？

飯野 そうです。雨が降ると野球ができないので、映画を見に行ったり、アイススケートやローラースケートをやったり。その頃映画『ウエスト・サイド物語』が公開されて、ミュージカル映画は見たことがなかったので、仲がよかった4人とジャニーさんとで銀座の映画館に見に行ったんです。そうしたらもう感動してしまって（笑）。

安倍 なにそれほど感動したのでしょう。

飯野 やはりあのカッコいいダンスですね。

安倍 あれほどの圧倒的なダンス・シーンはそれ以前のアメリカ・ミュージカル映画にもなかったですから。

飯野　それで「こんなことやってみたいね」「じゃあ、やろう」という話になり（笑）、ジャニーさんがダンスや歌や科白《せりふ》の先生を呼んできて、レッスンをつけてもらいました。

安倍　飯野さんはジャニーズ時代、日生劇場プロデュースのミュージカル『焰のカーブ』（65）と『宝島』（66）に出演していますね。どちらも作・演出は石原慎太郎さんでした。

飯野　ジャニーさんが作った『いつかどこかで』（67）にも出ています。ダンスは今から見れば簡単なステップ程度ですが、西条満さんや山田卓先生の指導を受け、アメリカに2ヵ月ほどレコーディングに行ったときは、本場のレッスンに通いました。その経験が忘れられなくて、それから間もなくジャニーズが解散し、木の実ナナちゃんと〝ナナとおさみ〟というコンビを組んだのですが、なにか違うなあと感じて、やっぱりアメリカで本格的にダンスを習いたいと思うようになったんです。そんなとき、『スカーレット』（70）という東宝のミュージカルのオーディションに受かって。

安倍　小説「風と共に去りぬ」が原作で、菊田一夫さんが日本語台本を手掛け、ほかのスタッフ全員をアメリカから呼んだ意欲作でした。

飯野　当時としては異例の3ヵ月ロングランで、僕は二役で出演し、タップの見せ場もありました。その舞台が終わってすぐ、今度はひとりでロサンゼルスに行って、ジャニーさんのお兄さんの家に居候してレッスンに通ったのですが、ハリウッドの稽古場を毎日4ヵ所ぐらい回ったので、帰りは足がつりそうでした（笑）。ジョージ・チャキリスと一緒に稽古したこともあります。そのうちアシスタントをやるようになって、クラスで教えながら、自分でもいろいろな先生のレッスンを受けるという生活を続け、2年後に帰国しました。

安倍 本場で2年間勉強したのは大きな経験だなあ。

飯野 帰国したときにちょうど四季で『アプローズ』をやると聞いて、ブロードウェイで観て大好きな作品だったので、ぜひ出たいと思いました。卓先生からも受けるように勧められてオーディションを受けたんです。

安倍 当時、劇団四季にはダンスが得意な人はほとんどいませんから、飯野さんは目立ったでしょうね。

飯野 あの頃はいちばんバリバリ踊っていたので（笑）。『コーラスライン』をやったときは、振りのなかにロスで習っていたステップがすべて出てくるので、ほかの人たちがまずその形に見せるだけで苦労しているなか、僕だけができるんです。身体が覚えているんですね。稽古場では最初、ダンス・キャプテンから「ほかのメンバーに合わせてちょっと変えてくれない？」というお願いもあったのですが、舞台監督が、「いや、おちゃみのが合っているんだから、みんなのほうがおちゃみの動きを真似ろ」って（笑）。

安倍　マイケル・ベネット（オリジナル原案・振付・演出）の振りのニュアンスを飯野さんはよくつかんでいたということでしょう。それにしても、日本中を興奮の渦に巻き込み、唯一無二の存在として光り輝いていた人気グループから、劇団という一見地味なところに入る選択をして、ずいぶん違う世界に来たなあとは思いませんでしたか？

飯野　確かに当時の四季はストレートプレイが中心で、越路さんのリサイタルで浅利（慶太）さんの名前が知られるようになり、やっとミュージカルを上演し始めた頃でした。でも四季に入らなければここまでミュージカルは続けてこられませんから、恵まれていたと思います。

（続く）

雄猫7役制覇はたぶん、世界でただひとり

安倍 1983年の『キャッツ』日本初演では、飯野さんは最初からミストフェリーズ役としてキャスティングされていたのですか？

飯野 ロンドンで『キャッツ』を観てきた浅利さんには、「やる役がいっぱいあるぞ」と言われました。最初からミストフェリーズというわけではなかったんです。今の東京都庁前のキャッツ・シアター建設予定地を見に行ったときは、誰もいない野原に止めたトラックの上で、スキンブルシャンクスの歌を歌ったり（笑）。それから横浜のあざみ野にできた新しい稽古場（現四季芸術センター南館）で稽古が始まったのですが、それまでの代々木の稽古場に比べて4倍ぐらい広いので、浅利さんがやりにくいと言って、初めは代々木とあざみ野を行ったり来たりしていました。

安倍 どんな稽古がおこなわれたのですか？

飯野 あざみ野のいちばん大きい稽古場にキャッツ・シアターと同じ円型で傾斜のあるステージを作って、浅利さんから「一日中猫でいろ」と言われ（笑）、みんな猫のように四つん這《ば》いになって事務所のほうまで行ったり、ニャオーンと鳴きながらスタッフ

にすり寄ったりしていました。

安倍 日本版の振付は山田卓さんですが、猫の動きについても指導があったのですか?

飯野 もちろんありましたが自分たちでも研究して、道で猫をじっと観察したり、野良猫に話しかけたり。卓先生とはジャニーズ時代のミュージカル『焔のカーブ』からご縁があり、僕のことをよくご存知なので、ダンス場面は全部僕が最前列の真んなかで踊ることになってしまいました。僕だけ全幕ほとんど出ずっぱりで、自分の見せ場に行く前に疲れてしまって(笑)。

安倍 当時、飯野さんのダンス力は際立っていましたから、ダンス・シーンはすべて飯野さんに任せたいという卓さんの気持ちもわかりますが、負担は大きかったでしょうね。

飯野 また初演はロングランがどのくらい続くかわからないまま始まったので、最初の半年ぐらいはミストフェリーズ役が僕ひとりだったんです。しかも週10回公演で、2回公演の日が4日間もあって、やっと休演日の月曜が来たと思ったら、浅利さんはその日も休まず稽古をしろと(笑)。切符が売れているからって図に乗って浮かれるんじゃないぞということなんですね。最後は内科の先生に楽屋で点滴を打ってもらいながら出ていました。

安倍 いくら当時は若かったといっても、よく半年ももちましたね。

飯野 半年後、市村正親が1週間だけかわったのですが、それだけで彼はげっそり痩せて、猫なのに鼠みたいになっちゃって（笑）。その後ラム・タム・タガー役に戻ってミストフェリーズの僕を紹介する場面で、身をもって役のしんどさがわかったからでしょう、ものすごく力を込めて「ミスター・ミストフェリーズ！」って（笑）。思わず笑ってしまいました。

安倍 それは面白いエピソードですね。

飯野 それからこんなこともありました。ミストフェリーズはバレエのフェッテがあるのですが、僕はジャズダンスのほうが得意だったので、卓先生がジャンプしながらターンする振りに変えてくれたんです。ところが傾斜舞台なので、ジャンプするとどんどん前に行って、回っているうちにセンターがわからなくなってしまうんですよ。それでもなんとか初日を迎えたのですが、数日後、前に行きすぎて客席に落ちてしまって（笑）。ちょうど通路だったのでスッと舞台に上ってバンッと決まりました。よく怪我をしなかったと思います。僕が怪我をしたら代役がいないので、翌日から公演中止ですよ。奇跡的でした。

安倍 お客様にも怪我をさせずに済んだのですね？　それはほんとうによかった。

飯野 停電もありました。雪が降って特に寒さが厳しい日なのに暖房が切れてしまい、スタッフ総出で使い捨てカイロを買いに行き、休憩中に役者も一緒にお客様に配りました。

安倍 やはり飯野さんはエピソードに事欠きませんね。『キャッツ』では、ミストフェリーズのほかにも役をやっているのですか？

飯野 『キャッツ』で大きなソロのある雄猫の役は9つありますが、そのうち7つをやっています（笑）。最初がミストフェリーズ、それからマンカストラップ、アスパラガス＝グロールタイガーとバストファージョーンズ、ラム・タム・タガー、そしてスキンブルシャンクス。まだやっていないのは、オールドデュトロノミーとマンゴジェリーだけです。

安倍 それもすごい記録ですね。男性がやる9役のうち7役とは。

飯野 おそらく世界でも僕以外にいないと思います。最初に浅利さんから、やる役がいっぱいあると言われてはいましたが、まさか7役もやることになるとは思いませんでした。

安倍 こうなったらひとつの終着点としてオールドデュトロノミーも演じてもらいたいな。でも飯野さんというと、やはりミストフェリーズの印象が強いですね。当時はキャリアやキャラクターからいっても、四季には飯野さんしかミストフェリーズ役はいなかったでしょう。

飯野 僕もオールドデュトロノミーをいつかやってみたいとは思っていますが、ミストフェリーズは、うまくできなければ引退して僕の人生は終わってしまうというぐらい追い込まれて、必死でやっていた役ですから、やっぱり僕にとっては特別ですね。

安倍 まさに人生を賭けていたのですね。

飯野 浅利さんが僕のことを買ってくれていたということかもしれません。

安倍 『キャッツ』の場合、猫1匹1匹の個性をしっかり表現することが大切で、なかでもミストフェリーズはひときわ目立つ役ですから、飯野さんのようなスター性が必要です。その点、ジャニーズ時代の体験が大きくものを言っていると思います。『キャッツ』以外で思い出深い作品は？

飯野 『ウェストサイド物語』に出演できたのは嬉しかったですね。10代の頃から憧れのミュージカルでしたから。ただ、振付担当のボブ・アーディティが厳しくて、体育館の場面など何度もやらされてもうクタクタで……。それでも大好きな作品なので必死にやりましたけど、最後は「もう一度アゲインって言ってみろ、ぶっとばすぞ！」と思いながら踊っていました（笑）。その稽古場に、『コーラスライン』の演出家のマイケル・ベネットが現れたんです。

安倍 79年3月だったかな。当時、四季は『コーラスライン』の上演権を交渉中でした。たまたまベネットが中国に用事があり、帰途、東京に立ち寄り、四季のレベルを見たいということになって。彼はベイビー・ジョーンを演じたことがあって『ウェストサイド物語』に詳しいんです。

飯野 彼が稽古場に入ってきたのはちょうどリフ役の僕が歌っているときで、いくつかダンス・ナンバーも見てくれ、これだけできるなら四季でやってくれて大丈夫ということになりました。

安倍 飯野さんは、劇団四季ミュージカルの歴史を語る上で非常に重要な人だと、今回、改めて思いました。

飯野 半世紀以上の長い年月、ミュージカルをやってこられてしあわせです。これからも生涯現役で舞台に立っていたいと思っています。

いいのおさみ：劇団四季俳優。『アプローズ』で四季での初舞台を踏む。『ジーザス・クライスト＝スーパースター』イスカリオテのユダ、『エビータ』チェ、マガルディ、『コーラスライン』ザック、『ウェストサイド物語』リフ、『キャッツ』ミストフェリーズ、マンカストラップ、スキンブルシャンクス、『ウィキッド』オズの魔法使い、『リトルマーメイド』セバスチャンを演じ、『赤毛のアン』『王子とこじき』『劇団四季 The Bridge ～歌の架け橋～』などにも出演。四季のミュージカルには欠かせない存在である。

大詩人T・S・エリオットのお道楽はなんと作詞だった

『キャッツ』の原点はなんだったのか。演出を担ったトレヴァ・ナンがこう端的に書き記している。

「なによりもまずアンドリュー・ロイド＝ウェバーがT・S・エリオットの詩に幻惑されたことから始まった。エリオットが詩人と同時に作詞家だと気づいたのだ。その詩には独創的な韻律、機知に富んだリズム構成、過つことなく刻まれるビートだけではなく、口語的表現にあふれる詩情、キャッチフレーズ、コーラス部分も含まれていることに……」（「CATS : The Book of the Musical」所収「Tails of Two Cities」）

エリオットは大詩人であった。だが作詞家の資質もじゅうぶんに兼ね備えていたらしい。そもそも詩（poem）と歌詞（lyric）はどう違うのか。私はこう考える。詩は誰がどう読むにせよ黙読か、せいぜい朗読まで。それで完結だ。しかし、優れた歌詞は作曲家を限りなく刺激する。言葉を音楽に乗せるよう仕向けてくる。もちろん最終目的は誰かに歌ってもらうことである。

T・S・エリオットが自分の一部の詩に音楽を付けてもらうことをどこまで望んでいたか、ロイド＝ウェバーの知るところではなかったろう。しかし、慧眼《けいがん》の彼は、大詩人のある詩篇、たとえば詩集「ポッサムおじさんの猫とつき合う法」の諸作などは歌詞としても優れた機能を有していることを見抜いていた。そして、トレヴァ・ナンは、そのロイド＝ウェバーの眼力に誰よりも高い敬意を払っていたに違いない。先のナンの一文はその表れである。

実はロイド＝ウェバー自身がこのナンの見解を裏書きするような文章を書いている。自伝「UNMASKED」から引く。ロイド＝ウェバーがエリオットの未亡人ヴァレリーさんから娼婦猫グリザベラの草稿とともに託された詩篇のひとつ、「ビリー・マッコーのバラード（The Ballad of Billy McCaw）」についてである。

「私は〝ビリー・マッコー〟から受けた衝撃をよく記憶している。エリオットは、〝ポッサムおじさんの猫とつき合う法〟の詩と同じく、ここはヴァース、ここはコーラスとその役割がわかるよう、つまり歌詞を書くように書いていたからであった」

ヴァース（verse）、コーラス（chorus）ともに、ミュージカルの主題曲やそこから転じてジャズのスタンダード・ナンバーとなった楽曲が語られるとき、しばしば登場する用語なので、今さら、注釈は必要ないと思うが、念のため。ヴァースはナンバーの先導役を務めるが、あえて曲の主題から離れた内容になっていることもある。コーラスはそのナンバーのボディと言ったらいいか。同じ文句ないし似たような文句がなんどか繰り返される。初めから歌うために作られる詩、すなわち歌詞はこのふたつの異なる部分をじゅうぶん意識して書かれることが多かったということだ。

それに比べると文学的な詩、いわゆる純粋詩は定型がまったくないわけではないけれど、自由奔放に書かれてきた。ロイド＝ウェバーもそのような先入観に囚われつつ「ポッサムおじさん」を、さらには「ビリー・マッコー」を読んだに違いない。多分にお遊びのつもりで書かれたものだとしても、なにせ20世紀を代表する詩壇の巨匠の作品なのだから。

そうしたらなんと、そのまま歌になるような体裁で書かれている詩（歌詞）に遭遇してしまった。いい意味で裏切られ、微笑みがこぼれたことだろう。

１９８１年、ロンドン初演時の資料、たとえばオリジナル・キャスト・アルバムに当たってみると、「GROWLTIGER'S LAST STAND including "THE BALLAD OF BILLY McCAW"（グロールタイガー、背水の陣〜ビリー・マッコーのバラード）」というミュージカル・ナンバーがあったことがわかる。しかし、それ以降、『キャッツ』のほとんどすべての舞台から「ビリー・マッコー」の部分は姿を消してしまっているようだ。日本版でも歌われていない。いったいどうして？

「ビリー・マッコー」とおぼしき詩（歌詞）がどんな内容か興味のある向きは「キャッツ―オリジナル・ロンドン・キャスト」日本盤（ユニバーサル ミュージック）を参考にしていただきたい。ライナーノーツに対訳が載っていて大変助かる。

「ビリー・マッコー」の部分は、四季版で言うと「ガス～劇場猫」から「グロールタイガー～海賊猫の最期」へと続く場面にとり入れられていた。

グロールタイガーは、希代の名優？猫を自認するガスことアスパラガスがいちばん得意とした役柄である。この場面ではシャム猫軍など大軍に攻め込まれ、あえなく非業の死を遂げる姿が描き出される。彼はこの世の別れとばかりこのバラードを熱唱する。

ちなみにマッコーとは、この歌のなかに登場するロンドンのパブ、オールド・ブル・アンド・ブッシュ（現に実在する）の人気者〝歌う鸚鵡《おうむ》〟である。

この鸚鵡はフルートも吹くしギターも爪弾く。客が少し沈んでいると牧歌調の歌で慰めてくれたりするので、客の人気者だという。しかし、パブ自体が実在するからといって鸚鵡も実在するのか、かつてはしたが今はしないのか、私の知るところではない。

そもそも、シャムの大軍と戦う海賊に行きつけのパブがあったというのは、話の筋に無理があるように感じられる。

ただし、詩（歌詞）をよく読み直してみると、グロールタイガーは、海賊といってもその縄張りは、テムズ川河口からオックスフォードまでのこの川の一帯らしい。ならばロンドンに一軒くらいひいきのパブがあってもおかしくないか。

さらには、グロールタイガーのオールド・ブル・アンド・ブッシュや歌う鸚鵡についての回想は、過去の名声はどこへやら、今や一匹の老いぼれ猫にすぎないガスのそれでもあるという解釈もなりたつだろう。

海賊猫グロールタイガーの景は役者猫ガスの景の劇中劇である。歌う鸚鵡マッコーはその劇中劇の主人公の追想のなかにしか姿を見せない。ロンドンのお客にだってどこまで伝わったか。ロンドン初演の舞台を私は二度観ているが、理解できるはずもなかった。

劇中劇の上に無理やり？の挿入歌、たぶん、幕内外で評判がよくなかったのだろう。82年のブロードウェイ開幕以降、「ビリー・マッコーのバラード」の部分は、イタリア・オペラもどきの〝愛のアリア〟「In Una Tepida Notte（On A Warm Summer Night)」にとり替えられている。

しかし、劇場猫ガスとも海賊猫グロールタイガーとも関係なく、すなわち猫のミュージカルという文脈から離れて「ビリー・マッコーのバラード」というナンバーに耳を傾けると、パブ内の光景が目に浮かぶ歌詞、ユーモアと親しみやすさにあふれる曲調、いずれも捨て難い。ロイド＝ウェバー自身、エリオットの歌詞をうまく活かした音楽だという自信があるのか、今もってイギリス、アメリカのツアー・プロダクションでは「ビリー・マッコー」の入った「海賊猫の最後」が復活上演されることがあるらしい。

大詩人がすぐ歌になるようないわゆる歌詞においても思わぬ才能の持ち主だったことについては、ロイド＝ウェバーが未亡人ヴァレリーさんの証言を記している。

「本業の詩じゃない、お道楽の詩（"off duty" poems）を書くときは彼の頭には当たり前のようにそのときどきのヒット曲があったのよ」（「UNMASKED」）

『キャッツ』第1次東京公演は日本興行史上の〝文化革命〟だった

劇団四季の手になる『キャッツ』日本版は、１９８３年以来、現在に至るまで、全国そこかしこでほぼ切れ目なく上演され続けてきた。

日本での初演は、新宿西口、京王プラザホテルの南側の空き地に建てられた仮設テント劇場キャッツ・シアターでおこなわれた。場所的には、今、新宿モノリスビルがそびえ立っているところである。オープニングは１９８３年11月11日、千秋楽は84年11月10日、丸々１年間の公演で、日本興行史上かつて例がない。ステージ回数４７４回、総入場者数48万１０００人を数える。

のちのち「日本演劇興行史」という題名の書物が書かれるとしたら、〝金字塔〟と記されてもおかしくない。

ちなみに当時の演劇興行の実態はどのようなものだったろうか。大劇場の商業演劇は、歌舞伎、現代劇、ミュージカルを問わず、通例、１ヵ月単位の興行であった。中・小劇場を使用しての新劇団公演、あるいは小劇場と呼ばれた前衛劇団の公演などはせいぜい1〜2週間程度にすぎなかった（劇団四季『ハムレット』のように新劇団でも商業演劇級の公演〈82年10月、36回、日生劇場〉もあったが、あくまで例外中の例外）。

そのような状況のもとで『キャッツ』第1次東京公演は、1年間のロングランを目標に掲げ、それを遂行したのである。先ほど私は金字塔という言葉を持ち出したが、文化革命と言い替えてもおかしくあるまい。

『キャッツ』にその〝文化革命〟的価値を認めたのだろうか、二度、月刊「文藝春秋」が、浅利慶太に原稿を書かせている。87年8月号の「百二十万人が見た『キャッツ』」と2004年1月号の「キャッツ全国を往く──日本の演劇界の常識を変えた全国ロングランの舞台裏」である。劇団四季の統率者として現役ばりばりだった浅利は、『キャッツ』プロジェクトのもっとも積極的な推進者でもあった。18年に世を去ったのちも、日本語台本／初演日本版演出の担当者としてクリエイティヴ・スタッフのリストに名を残している。

まず04年1月号掲載の「キャッツ全国を往く」から引用する。

「二十年前、日本の演劇界にロングランという言葉はあったが現実はなかった。（中略）これに挑むとなると、困るのは劇場。日本中が一ヶ月か二ヶ月単位のスケジュールで回転している。しかし集団が狂を発すると、それなりに智慧が出る。『仮設建造物としてテントで劇場を建ててしまいましょう。法規上一年は使えます』そう提案する技術担当の若者がいる（下略）」

次のような箇所もある。

「今は東京都庁舎などビルが林立してしまった新宿西口だが、二十年前は空地が多かった。そこに都の所有で時々消防の訓練に使われている土地があった。これを借りうけ、初代の『キャッツ・シアター』を建設。この手法は東京の後、大阪、名古屋、福岡、札幌と上演地が拡がる度に用いられ、各地でのロングラン成功の鍵となった。そのころ一つの舞台作品の仕込費は五千万円から七千万円。『キャッツ』の場合は劇場建築費などもふくめ予算は八億円を超える（下略）」

第1次東京公演に次ぐ第1次大阪公演（1985年3月20日〜86年4月30日）、さらにそれに次ぐ第2次東京公演（86年10月10日〜87年5月31日）と『キャッツ』の進撃は止まらない。文藝春秋87年8月号に掲載された「百二十万人が見た『キャッツ』」は、第1次東京、第1次大阪、第2次東京と3つの公演が一段落したところで執筆されたものである。浅利は3公演を総括してこう書く。

「ご存知のように、『キャッツ』は日本での興行記録を大幅に塗りかえました。（中略）入場者数もまたケタはずれでした。総入場者数百二十三万五千二百三十七人、平均入場率九二・

七パーセント、経費五十八億円、売上高七十七億円、どの数字をとっても日本の演劇の記録を塗りかえたと言っていいでしょう。いや、書きかえたと言うより、ヒトケタ数字を上げたと言ってもいいかもしれません」

文中に登場する具体的な数字は貴重なデータである。同じ文中の次のような箇所にも私は注目したい。

「東京公演（第1次）が一年で終結したのは、たった一つの理由でした。仮設興行場であるキャッツシアター（ママ）は建築基準法にふれます。専門家の考え方では、仮設建築物である幕構造物（ママ、正しくは膜構造物）が一年以上耐久することなど考えられなかったのでしょう。一年以上の存続は禁止、しかも、その建築許可の権限は特定行政庁である新宿区にあったのです。建設省も、都庁も新宿区のてまえ、表立つことができず、内々にＯＫを出してくれたのですが、新宿区はミュージカルが一年以上もロングランできるなど考えられなかったのでしょう。最後まで、一年を越えることはＮＯでした」（括弧内、安倍注）

新宿区に対する恨み節のきらいなきにしもあらずだが、浅利の言うことがほんとうなら、『キャッツ』第1次公演が1年以上続演する可能性がまったくなかったわけではない。どこまで続いたか、この目で確かめたかった。

『キャッツ』劇団四季公演は、83年以来、２０２４年の今日に至るまで40年を超える足跡を刻んでいる。現在は静岡、広島、仙台を巡る3度目の新都市公演中だ。全国津々浦々に及ぶ過去の上演歴を洗い出してみよう。東京5演、大阪4演、福岡4演、名古屋3演、札幌3演、静岡2演、広島2演、仙台2演、横浜1演である。24年7月現在、上演回数は1万1000回を超え、総観客数は1110万人に達している。

専用劇場のキャッツ・シアターのほか、各地の四季劇場、さらには各地にある公共劇場・ホールでも上演されるようになった。それだけ公演形態の幅が広がったということでもあり、観客層が多様化したということでもある。

どうして日本で『キャッツ』がこれほど愛されるようになったのか。今後、その謎を解く試みがおこなわれなくてはならないと思う。

私は専用のキャッツ・シアターの建設からスタートしたことが、その命運を大きく左右したと考える。新しいミュージカルのために専用の劇場を作る――こんなに胸がどきどきする出来事はそうない。

一歩、劇場内に足を踏み入れれば異次元の世界が立ち現れるというのは、幻想の世界が現実のものになったことに等しいだろう。

興味深いのは、このミュージカル最大の見せ場グリザベラ昇天の景「メモリー」がなんの抵抗感もなくすんなり日本の観客に受け入れられ、深い感動を呼んでいることだ。この景を考案し演出したトレヴァ・ナンは、当然ながら『キャッツ』の原作者にして敬虔《けいけん》なる英国国教徒のT・S・エリオットを想定して作り上げたに違いない。すでに紹介ずみだが、カトリック教徒で知られる故遠藤周作氏は、「ほとんど宗教劇だな」という感想を残している。ひょっとすると『キャッツ』の宗教性は、「メモリー」という曲の強烈なアピール力もあって気にならないものなのかもしれない。

忘れてはいけないのは猫好きの存在である。この手の〝人種〟は世界中どこにもいる。当然、日本にも。

しかし、私は『キャッツ』は単なる猫の物語ではなく究極の人間の物語だと見る。登場する種々さまざまな猫たちの背後には同様に種々さまざまな人間の生きざまが（あるいは死にざまも）、垣間見える。

そして革新的演劇性と遊び心あふれるエンターテインメント性の絶妙なバランス。もちろん長年にわたる四季演技陣の真摯な努力も見逃せない。『キャッツ』は永遠です。

劇団四季の歴史に宿すT・S・エリオットの影

この単行本のもと原稿となる、「ミュージカル千夜一夜」〝『キャッツ』日本公演10000回に想う〟と題する連載を「ラ・アルプ」誌上で始めたのは、2019年5月号からである。23年1月号までの長きにわたり、私の思いつくまま気の向くまま、この世界的超ヒット・ミュージカルのさまざまな側面にスポット・ライトを当ててきた。時折、直接の関係者をゲストに対談もおこない、合わせて総計45回に達する。ねたに困ることなく、思いがけず長期連載となった。本章が最終章である。

ところで、本連載の第1回目に私はどんなことを書いているのだろうか。タイトルは〝吉原幸子の長篇詩「ハングリー・キャッツ」を読み解いてみる〟。『キャッツ』第1次東京公演（1983年11月11日〜84年11月10日、キャッツ・シアター）、すなわち日本初演パンフレットに掲載された吉原の長篇詩をとり上げている。

吉原はすでに故人だが、昭和を駈け抜けた優れた詩人である。一時期、女優を志し、一年だけ劇団四季に席を置き、ジャン・アヌイ作『愛の条件―オルフェとユリディス』でヒロイン、ユリディスを演じている。芸名江間幸子。その四季との因縁でパンフレットへの寄稿を依頼されたのか。

「ハングリー・キャッツ」は、四季の創立メンバー、浅利慶太、水島弘、日下武史、藤野節子らを主人公に据え、アッサリーケ、ミーズィー、クサック、フージョリーとジェリクルキャッツ並みの別名まであたえている。私は「ハングリー・キャッツ」のハングリーという言葉にはふたつの意味が込められていると見る。ひとつは劇団創立時、すなわち53年（昭和28年）の日本が置かれていた食糧事情。敗戦直後ほどではないにしても、まだ国民全体が鱈腹《たらふく》食べられる状況ではなかった。

もうひとつは、そのような状況下にもかかわらず、彼等若者は演劇への渇望を胸に秘めていたということ。これぞハングリー精神！　そして遂に、彼等は自らの手でロングラン専用劇場を打ち立てることができるほど大きく成長した。

吉原の詩には次のような箇所がある。

「だからかれらは
たった一匹の兄貴猫をしか信じなかった

その〝ジェリクル〟も世を去ったあとは
じぶんたちの脚で　爪で　切り拓かねばならなかった
月への道を――」

彼等が信じた「一匹の兄貴猫」とは誰を指すのか。「その〝ジェリクル〟も世を去ったあと……」の1行にヒントが隠されている。劇団四季第1回公演、ジャン・アヌイ作『アルデール又は聖女』がおこなわれたのは、54年1月だが、その直前の53年12月、自死した『なよたけ』の劇作家加藤道夫である。

兄貴猫は、弟猫妹猫に宛て公演パンフレットにはなむけの言葉を残し死んでいった。浅利慶太「加藤道夫の想い出―『なよたけ』の上演に当って」（初出70年11月、三田評論、所収「浅利慶太の四季　著述集3―伝統と現代のはざまで」慶應義塾大学出版会）から孫引きする。

「この若者達は初めから新劇の現実を否定していた。何か自分達から生れる新しい輝きを信じていた。だからこそ僕はこの人達の行末を楽しみにしている」

『キャッツ』日本初演のパンフレットに吉原幸子作「ハングリー・キャッツ」と並んで、英文学者安東伸介のこれまたなかなかの力作評論、「猫の〈メサイア〉―T・S・エリオットと四季の『キャッツ』」が掲載されている。安東は、浅利、日下と同時期に慶應義塾高校、同大学で机を並べた仲であり、浅利が『キャッツ』日本語台本を作るに当たってもっとも頼りにした英文学者でもある。安東の文章を引く。

「慶応義塾の高校時代、私たちはヴァレリやエリオットの批評や詩をよく読んでいた。浅利君もその一人である。私たちの共通の師、加藤道夫氏に導かれて、そんな難解なヨーロッパ文学の世界に眼を開かれた、というようなことだったに違いない」

加藤は浅利、日下らにとって演劇界の兄貴分である前に高校の恩師であり、それにとどまらず現代ヨーロッパ文学の導き手でもあったのだ。たぶん、10代の若者たちがT・S・エリオットというイギリスの詩人の名前を初めて耳にしたのは、加藤の授業から大幅に脱線した?文学談議だったに違いない。

私事だけれど、浅利慶太と私は、52年、慶應文学部に入学した同輩同士である。彼が自らの文学的閲歴について滔々《とうとう》と語ってくれた、とある情景が、今もって忘れ難い。入学して間もなくの頃のことだったと記憶している。その際、話題の中心となった人物は西脇順三郎であった。いうまでもなく西脇はシュールレアリスム詩人の先駆けであり、高名な英文学者でもある。慶應文学部教授の閲歴も長い。慶應英文科出身の加藤道夫は、当然、氏の講義を聞いているはずだ。

浅利は、西脇の有名な詩集「Ambarvalia」、西脇が深く係わった文学雑誌「詩と詩論」を語って飽かせることがなかった。詩集も雑誌も昭和初年の刊行なのに、まるできのうやきょうの文学界の出来事のような口ぶりだったのに驚かされた。私は西脇についてはその名前を知るのみで一篇の詩さえ読んだことがなかったので、ただ感心して耳を傾けるばかりだった。

西脇は、戦前から日本におけるエリオット紹介の先駆者のひとりとして知られる。浅利と私が出会った同じ52年の11月、エリオットの代表作「荒地」全訳を世に問うている。

第二次世界大戦後のわが詩壇に颯爽《さっそう》と登場し、目覚ましい活躍ぶりを見せた〈荒地〉と呼ばれる一団がある。中桐雅夫、鮎川信夫、北村太郎、田村隆一らそうそうたる顔ぶれが名を連ねていた。

「エリオットの『荒地』の荒廃のイメージを、〈荒地〉の詩人たちは戦後の日本の〈荒廃〉と重ねて見ていた。戦争による破壊は伝統的な詩理念の破壊と重なり、『荒地』のヴィジョンは、ダダイズムからシュールリアリズムへと流れる伝統破壊と一つになって、古い詩の理念は壊され、戦後詩の理念がつくられていった」（岩崎宗治訳、岩波文庫「荒地」訳者解説より）

実は劇団四季も、創立時、劇団荒地を名乗るつもりだったと聞く。たぶん、〈荒地〉の詩人同様、四季の創立メンバーたちも荒地の2文字に戦後日本の国土、さらには精神風土の荒廃をダブらせて見ていたのではないか。荒地と化した焼跡から新しい演劇を立ち上がらせようとした意気込みの表れでもあった（ただしエリオット作「荒地」の複雑難解な主題は、〈荒地〉同人や四季創立メンバーが荒地の2文字に読みとろうとしたものとは、私の拙い読解力によってもまったく無関係に思われる）。

しかしそれにしても発足時、劇団荒地を名乗ろうとした若手劇団が、創立30周年記念に原作T・S・エリオットのミュージカルを上演することになろうとは！　これぞ人の世の不思議な巡り合わせと思わずにいられない。

しかも、その『キャッツ』公演は、以来40年を超え、全国津々浦々で上演され続けているのだ。今や劇団四季と『キャッツ』は運命共同体の趣さえある。「荒地」「ポッサムおじさんの猫とつき合う法」の詩人は天国からこの有様をどう眺めているだろうか。

クリエイティヴな精神と興行的成功
―あとがきにかえて―

ミュージカル『キャッツ』自体、異例ずくめの舞台作品である。まずは原作が純文学では〝神様〟かもしれないけれど、大衆性とは縁遠いT・S・エリオットの詩集だということ。それも子ども向きに書かれたものだという。果たして無邪気におとなも楽しむことができるのか。登場人物に人間ひとりもなし。お芝居に必要なストーリー、プロットも皆無ときている。そのような一風変わった題材をもとに新作ミュージカルを作ることができるのか。ブロードウェイと並ぶ商業演劇の激戦地ロンドン・ウェストエンドで勝ち目があるというのか。

結果は幸い大当たりとなった。それもロンドンを超え、世界的な超ヒット作となったのは、皆さん、よくご存知のとおりである。

その秘密はどこにあるのか？　私にはそれを解き明かそうなどという野望は持ち合わせていない。それだけの知力などあるはずもない。しかし、私なりに資料に当たっているうちに、朧気《おぼろげ》ながらわかってきたことがひとつある。発案者で作曲家のアンドリュー・ロイド＝ウェバー、アンドリューとともにプロデューサーを務めたキャメロン・マッキントッシュ、演出家のトレヴァ・ナン、振付家のジリアン・リンら作品の中枢メンバーたち全員にとって、今までにないプロジェクトだからこそ、心のうちに燃える情熱をたぎらせることができたということだ。

ミュージカルにはミュージカルの伝統的な王道がある。物語の基本はボーイ・ミーツ・ガールとか。それを踏みはずさないということも、きわめて大切である。しかし、クリエイティヴに徹しようと思ったら、あえて王道を踏みはずす必要だって生じるに違いない。創造的精神を発揮し、ミュージカル史の新しい扉を開く、その断固たる決意のもと、アンドリューらは初日に向け歩み続けたのではないか。

あるいは、そのような冒険心の裏側には、これまでのミュージカル史にないまったく新しい作品が生まれれば、必ずや観客は劇場に足を運んでくれるという目算もあったことだろう。創造的精神と興行的成功はどこかで繋《つな》がっているという強い確信である。

1981年5月11日、ロンドンでの世界初演が開幕した。それからほどなく、私はその出来立てのほやほや、ぴっかぴかに輝く舞台と相対する機会があった。観ている最中も観終わってからもいろいろな感想が頭のなかを駈け巡って収拾がつかなかった。1回観たきりでは作品の全体像もつかめなかったし、各景の個々の面白さもわからなかった。T・S・エリオットの猫に託した皮肉な人間観察も、たぶんあるのだろうなと、せいぜい想像を逞《たくま》しくしたくらいの平凡な感想しか思い浮かばなかった。

もちろん、グリザベラの昇天場面では圧倒された。おのおの歌詞の意味をつかめるはずなどなかったけれど、出演者たちのブリティッシュ・アクセントの美しさには惚れ惚れとなった。そこにはエリオットの詩とロイド＝ウェバーの音楽との一体感とでもいうべきものが厳然と存在しているように思えたものだった。

日本での驚くほどの成功は、劇団四季、とりわけ劇団リーダーの浅利慶太の献身的努力なくしてはあり得なかったろう。もしほかの興行会社、プロデューサーが手掛けていたら、これほど日本という土壌にしっかり根を下ろすことができたか、はなはだ疑わしいものがある。いや、あまりにも異例ずくめのこのミュージカルに手を出そうとする企業、製作者は、当時、ほとんどいなかったと思う。

浅利は、「時の光の中で―劇団四季主宰者の戦後史」（文藝春秋）のなかで、「ミュージカル『キャッツ』は、子供から大人まで、ファッションを楽しむ若者から、思索にふけるインテリまで広い観客をとらえて離さない」

と書いているが、この作品をロンドンで観て同様にそう捉えたミュージカル関係者は果たして存在したか、ほとんどゼロに近かったにちがいない。浅利の慧眼《けいがん》である。浅利は、日本においても幅広い観客層が存在することを見抜き、さらにロングラン興行の可能性まで想定していたのだろう。

本書のもと原稿となる「ミュージカル千夜一夜」〝『キャッツ』日本公演10000回に想う〟は、劇団四季支持会員組織〝四季の会〟会報「ラ・アルプ」に、2019年5月号から23年5月号まで4年1ヵ月の長きにわたり連載された。大半は私の気の向くまま赴くまま書いた文章である。小文のほか『キャッツ』ゆかりの皆様方との対談も収められている。ご登場いただいた方々から貴重な証言をいただいた。改めてここにお名前を挙げ感謝の思いをお伝えしたい。池田雅之さん、鎮守めぐみさん、土屋茂昭さん、堀内元さん、矢内廣さん、飯野おさみさん。

『キャッツ』は世界ミュージカル史の一頁を大きく塗り替えた。ミュージカル史のこれからの行く末についても革命的変化をもたらしたことだろう。この作品の企画面、創作面、製作面にわたる中心人物アンドリュー・ロイド＝ウェバーの想像を絶する力量に、今さらながら圧倒されずにいられない。

アンドリューの作曲家としてのひとつの特色はその多様性にある。デビュー作『ヨセフと不思議なテクニカラー・ドリームコート』以来の諸作品、そこに含まれる数多くのナンバーを見渡すならば、すぐさま納得できるはずだ。ロック曲、ポピュラー曲、オペラのアリア、宗教曲なんでもこい。いかにもブロードウェイ・ミュージカル風という曲もある。

さらにミュージカル作曲家は、1作を一色で塗りつぶすのではなく、その作品にふさわしいカラーにまとめ上げながら、おのおのの曲をそれぞれ異なる色合いに染め分けるという難しい要求にも応えなければならない。それに見事応えているのがすなわち『キャッツ』だと思われる。ミュージカル作曲家になるべくしてこの世に生を受けたのが、アンドリュー・ロイド＝ウェバーその人なのである。

２０１８年、ロイド＝ウェバーは、満を持し、自伝「UNMASKED」を上梓している。今日のミュージカル界最大の雄ロイド＝ウェバーが自作について包み隠さず語り尽くした一冊である。プロデューサー兼作曲家という彼の立ち位置でなくしては知り得ない作品の表裏が公《おおやけ》にされていて、読み始めたら途中でやめられない。

もとより私の英語力ではその内容を正しく理解できているとは、胸を張って言い切ることはできないが、私にとっては興趣尽きない一冊の書物であり、掛け替えのない読書体験であった。いつの日か日本語訳が出版されることを心から待ち望みたい。

劇団四季〝四季の会〟会報「ラ・アルプ」での連載が思いのほか長くなったのは、「UNMASKED」から受けた刺激がきわめて大きかったことが少なからず影響している。拙文のなかでも折に触れてこの書物からの貴重なエピソードを引用させていただいている。改めてロイド＝ウェバー氏に深く感謝の意を表したい。

最後になったが、ここで本書の出版についてお世話になった皆様方に厚く御礼申し上げたい。まずは株式会社日之出出版西山哲太郎社長。私の最初の〝ミュージカル本〟「劇団四季 MUSICALS―浅利慶太とロイド＝ウェバー」（96）以来、同系列の著作に関してはことごとく面倒をお掛けしてきた。「VIVA! 劇団四季ミュージカル」（２０００）、「ミュージカルに I Love You―華麗な舞台の表裏」（06）、「All about 劇団四季レパートリー―ミュージカル教室へようこそ！」（13）、「All about 劇団四季レパートリー―ミュージカル教室へようこそ！［増補改定版］」（17）。有り難うございましたのほか、なんの言葉もない。

そして日之出出版書籍編集室小川敦子さん。そのこまやかで抜かりのない目配り心配りには深甚の感謝あるのみです。特に参考文献リストではなにかとお手数をお掛けしました。小生のパーソナル・アシスタント原田順子さんには「ラ・アルプ」連載時点から対談構成・浄書・整理、校正面ではたびたび小生の誤りを気づき正していただいた。「ラ・アルプ」連載時には劇団四季編集部石川奈緒子さんに大変々々お世話になった。校正のプロフェッショナルということでは私は彼女以上のプロに出会ったことがない。大恥をなんど救われたか。３人の縁の下の力持ちなくして今回の出版は実現し得なかったろう。拙著を見栄えのするスマートな書籍に仕上げてくださったふたりのデザイナー清水浩司さん、藤本孝明さん、校閲でご面倒をおかけした聚珍社の方々にも厚く御礼申し上げる。

２０２５年３月吉日

安倍　寧

引用・参考文献

『キャッツ』第1次東京公演プログラム　劇団四季編集部　1983年　劇団四季

「キャッツ―ポッサムおじさんの猫とつき合う法」T・S・エリオット著　池田雅之訳　1995年　ちくま文庫

「ジュヴェの肖像：Louis Jouvet 1887-1951」諏訪 正著　1989年　芸立出版

「猫たちの舞踏会―エリオットとミュージカル『キャッツ』」池田雅之著　2009年　角川ソフィア文庫

「UNMASKED：A MEMOIR」Andrew Lloyd Webber　2018　HarperCollins Publisher

「The Oxford Companion to the Theatre」Phyllis Hartnoll　1983　Oxford University Press

「and furthermore」Judi Dench　2012　Griffin

「All about 劇団四季レパートリー―ミュージカル教室へようこそ！」安倍 寧著　2013年（増補改訂版　2017年）日之出出版

「CATS：The Book of the Musical」Andrew Lloyd Webber, T. S. Eliot, John Napier　1983　Harvest/Hbj Book

「ヴィヨン遺言詩集―形見分けの歌　遺言の歌」フランソワ・ヴィヨン著　堀越孝一訳　2016年　悠書館

「ザ・ニューヨーカー」2019年12月27日号　コンデナスト・パブリケーションズ

「プッチーニ―作品研究」モスコ・カーナ著　加納 泰訳　1968年　音楽之友社

「ラ・ボエーム」アンリ・ミュルジェール著　辻村永樹訳　2019年　光文社古典新訳文庫

「Cats on a Chandelier：The Andrew Lloyd Webber Story」Michael Coveney　1999　Random House UK

「週刊朝日」1984年11月23日号　朝日新聞社

「燃えあがるロック・オペラ—『ジーザス・クライスト・スーパースター』の創造」リチャード・ブロデリック、エリス・ナッサワー共著　南川貞治訳　1974年　音楽之友社
「SONDHEIM & LLOYD-WEBBER : The New Musical」Stephen Citron　2001　Oxford University Press
「MILLION SELLING RECORDS FROM THE 1900S TO THE 1980S : AN ILLUSTRATED DIRECTORY」Joseph Murrells　1984　B. T. Batsford Ltd
「Memories : Celebrating 40 Years in the Theatre」Elein Paige　2008　Oberon Books Ltd
「エリオット全集」第1巻　T・S・エリオット著　深瀬基寛訳　1971年　中央公論社
「荒地」T・S・エリオット著　岩崎宗治訳　2017年　岩波文庫
「四つの四重奏」T・S・エリオット著　岩崎宗治訳　2011年　岩波文庫
「四つの四重奏曲」T・S・エリオット著　森山泰夫注・訳　1980　大修館書店
「巴里のシャンソン」蘆原英了著　1957年　白水社
「聴かせてよ愛の歌を—日本が愛したシャンソン100」蒲田耕二著　2007年　清流出版
「Andrew Lloyd Webber : His Life and Works」Michael Walsh　1989　Harry N Abrams Inc
「ブロードウェイミュージカルのすべて」スタンリー・グリーン著　ケイ・グリーン追補　青井陽治訳　1995年　ヤマハミュージックメディア
「ブロードウェイ PART2—1981〜1985」大平和登著　1985年　作品社
「ビバ!ミュージカル!」扇田昭彦著　1994年　朝日新聞社
「文藝春秋」1987年8月号・2004年1月号　文藝春秋
「浅利慶太の四季　著述集3—伝統と現代のはざまで」浅利慶太著　1999年　慶應義塾大学出版会
「A DANCER IN WARTIME : ONE GIRL'S JOURNEY FROM THE BLITZ TO SADLER'S WELLS」Gillian Lynne

2011　Chatto & Windus
「The Illustrated Old Possum Old Possum's Book of Practical Cats」T. S. Eliot　1981　Faber Paperbacks
「キャッツ―ポッサムおじさんの実用猫百科」T・S・エリオット著　エドワード・ゴーリー挿画　小山太一訳　２０１９年
河出書房新社
「キャッツ―T・S・エリオットの猫詩集」T・S・エリオット著　北村太郎訳　１９８３年　大和書房
「T・S・エリオット　人と思想１０２」徳永暢三著　２０１４年　清水書院
「時の光の中で―劇団四季主宰者の戦後史」浅利慶太著　２００４年　文藝春秋
「キネマ旬報 増刊 アメリカ映画作品全集」１９７２年４月30日号　キネマ旬報社
「エリオット伝」S・スペンダー著　和田 旦訳　１９７９年　みすず書房
「ブロードウェイ・ミュージカル事典」芝 邦夫著　１９８４年　劇書房
ブルーレイ「キャッツ」映画版　NBCユニバーサル・エンターテイメント
ブルーレイ「キャッツ」アルティメット・エディション　ジェネオン・ユニバーサル・エンターテイメント
CD「キャッツ」サウンドトラック　ユニバーサル ミュージック
CD「キャッツ―オリジナル・ロンドン・キャスト」日本盤　ユニバーサル ミュージック
シングルレコード「MEMORY」THE THEMA FROM CATS　MCA RECORDS
LPレコード「CATS」Polydor
LPレコード「CATS」COMPLETE ORIGINAL BROADWAY CAST RECORDING　GEFFEN RECORDS

初出

本書は、劇団四季〝四季の会〟会報誌「ラ・アルプ」2019年5月号から23年1月号まで、並びに5月号の「ミュージカル千夜一夜」に、〝『キャッツ』日本公演10000回に想う〟として連載されたものを加筆・改題したものです。

著者略歴

安倍 寧（あべ やすし）

1933年生まれ。音楽評論家。56年、慶應義塾大学文学部仏文科卒業。在学中の55年よりフリーランス音楽ライターの先駆けとして内外ポピュラー音楽、ミュージカルの批評、取材記事を執筆してきた。リアルタイムでそのステージ、素顔に接し、論評したスターには越路吹雪、美空ひばり、フランク・シナトラ、ザ・ビートルズなど超大物も含まれる。

51年、帝劇ミュージカルス『モルガンお雪』を観たことで、当時、未開拓だったミュージカルに関心を抱くようになる。ミュージカル発祥の地ブロードウェイには、65年以来、新型コロナウイルス感染症流行前の2019年まで、毎シーズン通い詰めた。

一方、劇団四季との関係も深く、長期にわたり取締役、顧問として『コーラスライン』『キャッツ』『オペラ座の怪人』『ライオンキング』『ミュージカル李香蘭』など、多くの作品の企画・渉外面において係わり合いを持つ。現在も〝四季の会〟会報誌「ラ・アルプ」に「ミュージカル千夜一夜」を連載中。

著書に「劇団四季MUSICALS—浅利慶太とロイド＝ウェバー」「ミュージカルにI Love You—華麗な舞台の表裏」「All about 劇団四季レパートリー—ミュージカル教室へようこそ！」（以上日之出出版）、「音楽界実力派」（音楽之友社）、「ショウ・ビジネスに恋して」（角川書店）ほか。

ブログ：「好奇心をポケットに入れて」https://ameblo.jp/abe-yasushi/

ロイド=ウェバーと劇団四季
ミュージカル『キャッツ』―そのヒットの陰に潜む秘密

2025年4月24日　第1刷発行

著者　安倍寧

発行者　西山哲太郎
発行所　株式会社日之出出版
〒104-8505 東京都中央区築地5-6-10
浜離宮パークサイドプレイス7階
編集部 ☎03-5543-1340
https://hinode-publishing.jp

デザイン　カバー／清水浩司
本文／藤本孝明（如月舎）

編集　小川敦子（日之出出版）
発売元　株式会社マガジンハウス
〒104-8003 東京都中央区銀座3-13-10
受注センター ☎049-275-1811

印刷・製本　株式会社光邦

ISBN978-4-8387-3324-8 C0074